New Collection 15

중학교 영어로 다시 읽는 세계명작
피노키오의 모험

The Adventures of Pinocchio

Carlo Collodi 원작
넥서스콘텐츠개발팀 엮음

넥서스

중학교 영어로 다시 읽는 세계명작
New Collection 15
피노키오의 모험

원 작 Carlo Collodi
엮은이 넥서스콘텐츠개발팀
펴낸이 안용백
펴낸곳 (주)넥서스

초판 1쇄 인쇄 2012년 4월 25일
초판 1쇄 발행 2012년 4월 30일

출판신고 1992년 4월 3일 제311-2002-2호
121-840 서울시 마포구 서교동 394-2
Tel (02)330-5500 Fax (02)330-5555

ISBN 978-89-5994-265-7 14740
ISBN 978-89-5797-467-4 14740 (세트)

저자와 출판사의 허락없이 내용의 일부를
인용하거나 발췌하는 것을 금합니다.

가격은 뒤표지에 있습니다.
잘못 만들어진 책은 구입처에서 바꾸어 드립니다.

www.nexusbook.com

머리말

어릴 적 즐겨 읽었던 『이상한 나라의 앨리스』나 『작은 아씨들』을 이제 영어로 만나 보세요. 지난날 우리들을 설레게 했던 명작들을 영어로 읽어봄으로써, 우리말로는 느끼지 못했던 또 다른 재미와 감동을 느낄 수 있습니다. 또한 친숙한 이야기를 영어로 바꿔 읽는 것은 그 어느 학습 자료보다도 효과적입니다. 자신이 알고 있는 이야기를 떠올리며 앞으로 전개될 내용을 상상하며 읽어 나가면, 낯선 내용을 읽을 때만큼 어렵거나 부담스럽지 않기 때문입니다.

『중학교 · 고등학교 영어로 다시 읽는 세계명작 시리즈 New Collection』은 기존에 나와 있는 명작 시리즈와는 달리, 소설책을 읽듯 추억과 감동에 빠져들 수 있도록 원서의 느낌을 최대한 살렸습니다. 또한, 영한 대역 스타일을 탈피하여 우리말 번역을 권말에 배치함으로써 독자 여러분이 스스로 이야기를 이해하는 연습을 할 수 있도록 하였습니다. 더불어 원어민 성우들이 정확한 발음과 풍부한 감성으로 녹음한 MP3 파일은 눈과 귀로 벅찬 감동을 동시에 경험하며, 최대의 학습 효과를 얻을 수 있도록 제작되었습니다.

'순수하고 가슴 뭉클한 그 무엇'이 절실한 요즘, 주옥같은 세계명작을 다시금 읽으며 잠시나마 마음의 여유를 갖고 영어소설이 주는 감동에 빠져 보세요.

넥서스콘텐츠개발팀

이 시리즈의 특징

1 읽기 쉬운 영어로 Rewriting

한국인이 가장 좋아하는 세계명작만을 엄선하여, 원문을 최대한 살리면서 중고등학교 수준의 쉬운 영어로 각색하였다. 『중학교 영어로 다시 읽는 세계명작 시리즈 New Collection』은 1,000단어, 『고등학교 영어로 다시 읽는 세계명작 시리즈 New Collection』은 2,000단어 수준으로 각색하고, 어려운 어휘는 별도로 설명하여 사전 없이도 읽을 수 있다.

2 학습 효과를 배가시키는 Summary

각 STORY 및 SCENE이 시작될 때마다 우리말 요약을 제시하여 내용을 추측하면서 읽을 수 있기 때문에, 원서의 부담을 덜면서 더 큰 학습 효과를 얻을 수 있다.

3 학습용 MP3 파일

전문 원어민 성우들의 실감나는 연기가 담긴 MP3 파일을 들으면서, 읽기와 함께 듣기 및 말하기까지 연습할 수 있다.

4 독자를 고려한 최적의 디자인

한 손에 쏙 들어오는 판형, 읽기 편한 서체와 크기 등 독자가 언제 어디서나 오랜 시간 즐겁게 읽을 수 있도록 최상의 편집 체제와 세련된 디자인으로 가독성을 높였다.

추 천   리 딩   가 이 드

step 1　**청해**　들으면서 의미 추측하기
책을 읽기에 앞서 MP3 파일을 들으며 이야기의 내용을 추측해 본다.

step 2　**속독**　빨리 읽으면서 의미 추측하기
STORY 및 SCENE의 영문 제목과 우리말 요약을 읽은 다음, 본문을 읽으면서 혼자 힘으로 뜻을 파악해 본다. 모르는 단어나 문장이 나와도 멈추지 말고 전체적인 흐름을 파악하는 데 주력한다.

step 3　**정독**　정확히 읽으면서 의미 파악하기
어구 풀이와 권말 번역을 참고하면서 정확한 의미를 파악한다.

step 4　**낭독**　소리 내어 읽으면서 소리와 친해지기
단어와 단어가 연결될 때 나타나는 발음 현상과 속도 등에 유의하면서 큰 소리로 또박또박 읽어 본다.

step 5　**섀도잉**　따라 말하면서 회화 연습하기
MP3 파일을 들으며 원어민의 말을 한 박자 늦게 돌림노래 부르듯 따라 말하면서, 속도감과 발음 등 회화에 효과적인 훈련을 한다.

이 시리즈의 구성

우리말 Summary

이야기를 읽기 전에 내용을 짐작해 봄으로써, 편안한 마음으로 읽을 수 있도록 우리말 요약문을 제시하였다. 이를 힌트 삼아 보다 효과적인 내용 이해가 가능할 것이다.

> ### The Tortoise and the Ducks
>
> 세상을 구경하고 싶어 하던 거북은
> 하늘 날 오리들의 도움으로 하늘을 날게 된다.
>
> The Tortoise's* shell* is his house. He has to carry it on his back* all the time, so he can never leave home. This was a punishment* from Zeus for being lazy,* because he refused* to go to Zeus's wedding.
> The Tortoise became very sad when

영문

부담스러워 보이지 않고 편안하게 술술 읽히도록 서체와 크기, 간격 등을 최적의 체제로 편집하였다.

어구 풀이

이야기를 이해하는 데 도움이 되도록 어려운 어구를 순서대로 정리하였다. 이야기에 사용되는 의미를 우선순위로 하였으나, 2차적 의미가 중요하거나 불규칙 활용을 하는 경우도 함께 다뤄주어, 보다 풍부한 어구 학습이 되도록 배려하였다.

> he saw other animals move about* freely and swiftly.* He wanted to see the world like they did, but the house on his back and his short legs made it impossible.
> One day the Tortoise told two ducks his sad story.
> "We can help you to see the world," said the Ducks. "Bite* down hard on this stick with your mouth, and we will fly you high up in the sky so that you can see the world. No matter what* happens,* do not speak. Or you'll regret* it very badly.*"
> The Tortoise was very pleased.* He bit down on the stick as hard as he could, and the Ducks took hold of*
>
> tortoise 거북 shell 껍질 (등딱지) back 등 punishment 처벌, 벌 lazy 게으른 refuse 거절하다, 거부하다 move about 움직이다, 돌아다니다 swiftly 재빠르게 bite 깨물다, 물다 no matter what ~ 무엇이든 ~일지라도 happen 일어나다(발생하다), 생기다 regret 후회하다 badly 몹시, 심하게 pleased 기쁜, 만족한 take hold of ~ ~을 붙잡다, 잡다

우리말 번역

문장 구성과 어구의 쓰임을 효율적으로 학습할 수 있도록 직역을 기본으로 하여 번역하였다. 가능하면 번역에 의존하지 말고 영문과 어구만으로 이야기를 이해하도록 하며, 번역은 참고만 하도록 한다.

페이지 표시

영문을 읽다가 해결되지 않는 부분이 있을 때 그에 대응하는 번역 부분을 손쉽게 찾을 수 있도록 해당 영문 페이지의 번호를 표시해 놓았다.

MP3 파일
www.nexusbook.com에서 다운로드

전문 원어민 성우들의 생생한 연기를 귀로 들으며, 바로 옆에서 누군가가 동화책을 읽어주는 것처럼 더욱 흥미롭고 효과적으로 학습할 수 있다.

저자 소개

카를로 콜로디(Carlo Collodi, 1826~1890)는 이탈리아 피렌체에서 태어났으며, 본명은 카를로 로렌치니(Carlo Lorenzini)이다. 콜로디는 자신이 어린 시절을 보낸 지명을 따서 지은 필명이다.

그는 청년 시절에 성직자가 되기 위하여 신학교에 들어갔으나 조국 이탈리아와 오스트리아와의 투쟁 과정에서 정치에 관심을 느끼기 시작하여 22살 때부터는 언론인으로서 이탈리아 통일 운동에 적극적으로 참여한다.

이후 그는 이탈리아의 장래를 짊어질 어린이들을 위해 아동문학 집필에 전념하기로 결심한다. 그가 가장 먼저 한 일은 프랑스 작가 샤를 페로의 동화들을 이탈리아어로 번역하는 작업이었으며, 1876년에는 자신의 창작 동화인 「잔네티노(Giannettino)」, 1878년에는 「미누촐로(Minuzzolo)」를 출간했다.

동화를 통해서 아이들을 계도하려는 순수한 그의 열정은 마침내 1881년 그의 필생의 역작인 「피노키오의 모험(The Adventures of Pinocchio)」의 탄생을 가져왔다. 이 작품의 배경은 콜로디인데, 이탈리아의 중서부에 위치한 이 마을은 훗날 피노키오의 고향으로 유명해진다. 콜로디의 사후인 1892년에 「피노키오의 모험」은 영어로 출간되었고, 이후 전 세계 70여 개 언어로 번역되어 '성경 다음으로 많이 팔린 책'이라는 명망을 얻을 정도로 널리 사랑을 받았다.

작품 소개

이 이야기는 제페토라는 이름의 한 나무 조각가가 친구에게서 얻은 살아 있는 나무로 꼭두각시를 만들면서 시작된다. 학교 가기 싫어하고 게으르고 놀기 좋아하는 못된 꼭두각시가 마음씨 착한 요정을 만나 착한 아이가 되고 마침내 진짜 사람이 된다는 내용이다.

「피노키오의 모험」에서 가장 인상적인 장면은 거짓말을 하면 코가 길어진다는 설정이다. 이는 피노키오에게 못된 행동을 일깨워 주는 수단이 되는 동시에 이 이야기를 읽는 어린 독자들에게도 거짓말을 하면 안 된다는 효과적인 계도 장치로도 한몫했다. 하지만 진정으로 피노키오를 변화시킨 것은 이러한 신체적 처벌이 아니라 제페토 영감의 무한한 사랑, 청록색 머리카락 요정의 믿음, 인형극단 단장이 보여 준 관용 등 결국 주변의 끊임없는 관심과 애정이다.

「피노키오의 모험」을 신문에 연재하기 시작한 콜로디는 이 동화가 예상 밖의 폭발적인 반응을 불러일으키자 연재에 대한 부담을 느끼는 동시에 신문사에 대한 자신의 부당한 대우에 대한 불만이 겹쳐 피노키오를 죽는 것으로 설정하고 연재를 중단했다. 이 이야기의 제15장에서 피노키오가 여우와 고양이에 의해 떡갈나무에 매달려 죽는 장면이 바로 그것이다. 그러자 이에 항의한 독자들이 벌떼처럼 들고일어났고, 이에 놀란 신문사는 그동안 밀린 원고료를 지불하며 콜로디를 회유하여 다시 연재가 재개되었으며, 그후 곧 단행본으로도 출간되었다.

Contents

Chapter 01	Master Cherry finds a piece of wood that weeps and laughs 딸기코 영감, 아이처럼 울고 웃는 나무토막을 발견하다	14
Chapter 02	Master Cherry gives the piece of wood to his friend Geppetto 딸기코 영감, 나무토막을 자기 친구 제페토 영감에게 주다	18
Chapter 03	Geppetto makes the Marionette and calls it Pinocchio 제페토 영감, 꼭두각시를 만들고 피노키오라고 부르다	21
Chapter 04	The story of Pinocchio and the Talking Cricket 피노키오와 말하는 귀뚜라미의 이야기	28
Chapter 05	Pinocchio is hungry and tries to cook himself an omelet 피노키오, 배가 고파서 직접 오믈렛을 요리하려고 하다	33
Chapter 06	Pinocchio burns off his feet 피노키오, 자기 발을 태우다	37
Chapter 07	Geppetto returns home 제페토 영감, 집으로 돌아오다	40
Chapter 08	Geppetto makes Pinocchio a new pair of feet 제페토 영감, 피노키오에게 새 다리를 만들어 주다	45
Chapter 09	Pinocchio sells his A-B-C book 피노키오, ABC 알파벳 책을 팔다	50

Chapter 10	The Marionettes recognize their brother Pinocchio 꼭두각시들, 자신들의 형제 피노키오를 알아보다	54
Chapter 11	The Director sneezes and forgives Pinocchio 인형극단의 단장, 재채기를 하고 피노키오를 용서하다	60
Chapter 12	The Director gives Pinocchio five gold pieces to give to Geppetto 인형극단의 단장, 제페토 영감에게 주라고 피노키오에게 금화 다섯 개를 주다	66
Chapter 13	The Inn of the Red Crayfish 붉은 가재 여관	74
Chapter 14	Pinocchio falls into the hands of the Assassins 피노키오, 자객들의 수중에 떨어지다	81
Chapter 15	The Assassins catch Pinocchio 자객들, 피노키오를 붙잡다	86
Chapter 16	The Fairy with Turquoise Hair sends for the poor Marionette 청색 머리카락의 요정, 가엾은 꼭두각시를 데려오도록 시종을 보내다	90
Chapter 17	Pinocchio eats sugar, but refuses to take medicine 피노키오, 설탕은 먹으면서도 약 먹기는 거부하다	96
Chapter 18	Pinocchio meets the Fox and the Cat again 피노키오, 여우와 고양이를 다시 만나다	104

Chapter 19	Pinocchio is robbed of his gold pieces 피노키오, 금화를 도둑맞다	112
Chapter 20	Pinocchio sets out to return to the Fairy 피노키오, 요정에게 돌아가려고 출발하다	117
Chapter 21	Pinocchio is used as a watchdog 피노키오, 감시견으로 이용되다	121
Chapter 22	Pinocchio discovers the thieves 피노키오, 도둑들을 발견하다	125
Chapter 23	Pinocchio learns that the Fairy with Turquoise Hair is dead 피노키오, 청록색 머리카락의 요정이 죽었음을 알게 되다	129
Chapter 24	Pinocchio reaches the Island of the Busy Bees 피노키오, 부지런한 꿀벌들의 섬에 도착하다	134
Chapter 25	Pinocchio promises the Fairy to be good 피노키오, 착해지겠다고 요정에게 약속하다	141
Chapter 26	Pinocchio goes to the seashore to see the Terrible Shark 피노키오, 무시무시한 상어를 보러 바닷가로 가다	145
Chapter 27	Pinocchio is arrested 피노키오, 체포되다	149
Chapter 28	Pinocchio runs the danger of being fried in a pan like a fish 피노키오, 물고기처럼 프라이팬에서 튀겨질 위험을 겪다	156

Chapter 29	Pinocchio returns to the Fairy's house 피노키오, 요정의 집으로 돌아오다	162
Chapter 30	Pinocchio runs away to Toyland 피노키오, 장난감 나라로 도망치다	171
Chapter 31	After five months of play, Pinocchio wakes up to a great surprise 피노키오, 다섯 달 동안 실컷 논 후에 깨어나서 깜짝 놀라다	181
Chapter 32	Pinocchio turns into a real donkey 피노키오, 진짜 당나귀로 변하다	192
Chapter 33	Pinocchio is sold to a circus 피노키오, 서커스단에 팔리다	202
Chapter 34	Pinocchio is swallowed by the Terrible Shark 피노키오, 무시무시한 상어에게 잡아먹히다	213
Chapter 35	Pinocchio is reunited with Geppetto 피노키오, 제페토 영감과 재회하다	220
Chapter 36	Pinocchio finally becomes a real boy 피노키오, 마침내 진짜 아이가 되다	227

Chapter 01

Master Cherry finds a piece of wood that weeps and laughs

목수인 딸기코 영감은
어느 날 우연히 나무토막 하나를 발견한다.
그런데 그 나무토막은 어린아이처럼
울기도 하고 웃기도 한다.

Many centuries* ago, there was a piece of wood. It was just a common* block* of firewood.* One fine day, this piece of wood found itself in the shop of an old carpenter.* His real name was Master* Antonio, but everyone called him Master Cherry.* This was because the tip* of his nose was so round and red and shiny* that it looked like a ripe* cherry.

Master Cherry was filled with joy when he saw the piece of wood.

"This has come in the nick of time,*" he said to himself. "I'll use it to make the leg of a table."

He grabbed* the hatchet* quickly to peel off* the bark* and shape* the wood. But as he was about to* give it the first blow,* he heard a little voice.

"Please be careful!" said the voice in a pleading* tone.* "Do not hit me too hard!"

A look of surprise covered Master Cherry's face! His funny, round face became even funnier.

---

century 세기, 100년 common 흔한, 평범한 block 덩어리 firewood 장작, 땔나무 carpenter 목수 master 명인, 명장 cherry 체리, 버찌 tip 끝, 고트머리 shiny 빛나는, 반짝거리는 ripe 잘 익은 in the nick of time 아슬아슬한 때에, 꼭 알맞은 때에 grab 붙들다, 움켜쥐다 hatchet 손도끼 peel off 벗기다 bark 나무껍질 shape 모양을 만들다 be about to 막 ~하려고 하다 give ~ a blow ~을 치다 pleading 간청하는, 탄원하는 tone 어조, 말투

He looked about* the room to find out where that little voice had come from. He saw no one! He looked under the bench, he peeped inside* the closet,* and then opened the door to look up and down the street. There was no one!

"Oh, well!" he then said, laughing and scratching* his wig.* "I must be hearing things in my head! Let's get back to work."

He struck* a piece of wood.

"Oh! That hurts*!" cried the same little voice.

Master Cherry's eyes popped* out of his head and his mouth opened wide.

"Where did that voice come from?" he mumbled.* "There is no one around! Can it be that this piece of wood has learned to weep* and cry like a child? Or is someone hidden* in it? If so, I'll fix* him!"

With these words, he grabbed the log* with both hands and began knocking* it about unmercifully.* He listened for the little voice to moan* and cry.

"Stop it!" said the voice. It was definitely* coming from the piece of wood. "Stop it! You're hurting me!"

Master Cherry fell to the floor, and fear turned even the tip of his nose from red to deepest purple.*

---

look about 이리저리 둘러보다　peep inside ~ 안을 살짝 들여다보다
closet 벽장, 광　scratch 긁다, 긁적거리다　wig 가발　strike 치다, 때리다
hurt 아프다　pop 튀어나오다　mumble 중얼거리다, 웅얼거리다　weep
울다, 흐느끼다　hide 숨다, 숨기다　fix 수리하다, 고치다　log 통나무, 나무토막
knock 치다, 때리다　unmercifully 무자비하게　moan 신음하다, 끙끙대다
definitely 명확히, 확실히　purple 자주색

Chapter 02

Master Cherry gives the piece of wood to his friend Geppetto

딸기코 영감은 이상한 나무토막을
자신의 친구인 제페토 영감에게 준다.
제페토 영감은 그 나무토막으로 춤도 추고 재주도 넘는
꼭두각시를 만들 계획이다.

At that very moment, a loud knock sounded on the door. It was Geppetto, an old friend of Master Cherry. The boys of the neighborhood* called him Polendina*(corn soup) because of the wig he always wore, which was just the color of yellow corn. He was known to dislike children, and even more so when they called him Polendina.

"Good day, Master Antonio," said Geppetto.

"What brought you here, my friend?" answered Master Cherry.

"I have come to you to ask you a favor.*"

"Here I am, at your service," answered Master Cherry.

"I've decided to make a beautiful wooden Marionette.* It has to be wonderful, one that will be able to dance, fence,* and turn somersaults.* I want to travel the world with it, to earn my crust of bread and cup of wine."

"That is a great idea, Master Geppetto," said Master Cherry. "So what is it that you need me to do?"

---

neighborhood 이웃 **Polendina** 이탈리아식 옥수수 수프 **ask ~ a favor** ~에게 부탁을 하다 **marionette** 꼭두각시 **fence** 펜싱하다, 검술을 하다 **turn somersault** 공중제비를 돌다, 재주넘기를 하다

"I need a piece of wood to make a Marionette. Can you give me one?"

Master Cherry, very glad indeed,* went immediately* to his bench to get the piece of wood that had frightened* him so much.

"Take this, Master Geppetto," said Master Cherry as he handed over the piece of wood.

Geppetto took the fine piece of wood, thanked Master Cherry, and walked away toward home.

Chapter 03

Geppetto makes the Marionette and calls it Pinocchio

집으로 돌아온 제페토 영감은
꼭두각시를 만들고 피노키오라는 이름을 붙인다.
그런데 피노키오는 걷고 달릴 줄 알게 되자
냅다 집에서 도망쳐 버린다.

Geppetto's house was neat* and comfortable.* It was a small room on the ground floor, with a small window under the stairway.* The furniture was very

---

indeed 실로, 참으로 immediately 곧, 즉각 frighten 소스라쳐 놀라게 하다
neat 깔끔한, 정돈된 comfortable 편안한, 안락한 stairway 계단, 층계

simple: a very old chair, a very rickety* bed, and a very tumble-down* table. There was a fireplace* full of burning logs on the wall opposite* the door.

As soon as he reached home, Geppetto began to cut and shape the wood into a Marionette.

"I think I'll call him Pinocchio," he said to himself. "This name will make him rich. I once knew a whole family of Pinocchi. They were all rich."

After choosing* the name for his Marionette, Geppetto set to work* to make the hair, the forehead,* and the eyes. He was taken by surprise* when he noticed* that these eyes moved and then stared fixedly at* him. Geppetto felt insulted.*

"Ugly wooden eyes, why are you staring at me?" he said in a grave* tone.

There was no reply.

After the eyes, Geppetto made the

nose. It began to stretch* as soon as it was finished. It stretched and stretched and stretched until it was nearly as long as the length* of the room.

Next, Geppetto made the mouth. As soon as it was finished, it began to laugh and poke fun at* him.

"Stop laughing!" said Geppetto angrily.

The Marionette stopped laughing, but it stuck out* a long tongue.*

Geppetto went on with his work. After the mouth, he made the chin,* then the neck, the shoulders, the stomach,* the arms, and finally the hands.

As he was about to put the finishing touches on* the fingertips,* Geppetto

---

rickety 곧 망가질 듯한, 삐걱거리는 tumble-down 금방 넘어질 듯한 fireplace 벽난로 opposite 반대편의, 맞은편의 choose 고르다, 선택하다 set to work 일에 착수하다 forehead 이마 be taken by surprise 놀라다, 의외로 생각하다 notice 알아채다, 인지하다 stare fixedly at ~을 뚫어지게 빤히 쳐다보다 insult 모욕하다 grave 엄숙한, 근엄한 stretch 늘어나다, 뻗다 length 길이 poke fun at ~을 놀리다, 조소하다 stick out 쑥 내밀다 tongue 혀 chin 턱 stomach 복부, 배 put a finishing touch on ~에 마무리 손질을 하다 fingertip 손가락 끝

felt his wig being pulled off.* He glanced up* and saw his yellow wig was in the Marionette's hand.

"Pinocchio, give me back my wig!" Geppetto said angrily.

After putting his wig back on, Geppetto went back to work. When Pinocchio's legs and feet were done, Geppetto felt a sharp* kick* on the tip of his nose.

"I deserve* that!" he said to himself. "I should have thought of this before I made him. Now it's too late!"

He put the Marionette on the floor to teach him to walk. At first, Pinocchio's legs were so stiff* that he could not move them. Geppetto held his hand and showed him how to put one foot forward* after the other. Soon, Pinocchio was walking by himself and running all around the room. He went to the open door, and with one leap* he was out into the street. He ran away at full speed!

Poor Geppetto ran after him, but he was too old and too slow. Meanwhile,* Pinocchio ran in leaps and bounds.* His two wooden feet made loud noises* as they beat* on the stones of the street.

"Catch him! Catch him!" Geppetto shouted at the top of his lungs.* But the people in the street, seeing a wooden Marionette running like the wind, only stared and laughed.

At last,* by sheer* luck, a policeman heard the noise. He went to the middle of the street and stood bravely with his legs wide apart.* He was firmly* resolved* to stop Pinocchio and prevent* any trouble.

Pinocchio saw the policeman from afar*

---

pull off 벗다 glance up 위를 흘긋 올려다보다 sharp 날카로운, 예리한 kick 걷어차기, 발길질 deserve ~할 만하다 stiff 뻣뻣한, 경직된 forward 앞으로 leap 뜀, 도약 meanwhile 한편, 그동안 bound 뛰기, 도약 make a noise 소음을 내다 beat 치다, 때리다 at the top of one's lungs 목청이 터지도록 큰 소리로 at last 마침내 sheer 순전한 with one's legs wide apart 발을 넓게 벌리고 firmly 단단하게, 견고하게 resolve 굳게 결심하다 prevent 막다, 방해하다 from afar 멀리서

and tried his best to escape* between the legs of the big fellow. He failed.

The policeman grabbed Pinocchio by the nose (it was an extremely* long one and seemed as if it had been made for that very thing). He returned the mischievous* Marionette to Master Geppetto.

The little old man wanted to pull Pinocchio's ears, but he could not because he had forgotten to make them! So all he could do was to seize* Pinocchio by the back of the neck and take him home.

"We're going home now," said Geppetto angrily. "You're in big trouble now!"

On hearing this, Pinocchio threw himself on the ground and refused* to take another step.* Soon, Geppetto and Pinocchio were surrounded by* people.

"Look at that poor Marionette," said a voice from the crowd.* "Of course he doesn't want to go home! Geppetto hates children, and he will no doubt beat him unmercifully. He is a cruel,* old man!"

"Geppetto is actually* a good man," added* another. "But he's a real tyrant* when it comes to boys. If we leave that poor Marionette in his hands, he may break him into pieces!"

The policeman ended matters* by setting Pinocchio free* and dragging* Geppetto to prison.* The poor old man did not know how to defend himself.* He wept and wailed* like a child with his face in his hands.

"Ungrateful* boy!" he said between sobs.* "I tried so hard to make him a well-behaved* Marionette!"

---

escape 빠져나가다, 탈출하다; 탈출   extremely 몹시   mischievous 장난이 심한, 개구쟁이의   seize 붙잡다   refuse 거절하다, 거부하다   take a step 발걸음을 떼다   be surrounded by ~에 의해 둘러싸이다   crowd 군중, 인파   cruel 잔인한   actually 실제로, 사실상   add 덧붙이다   tyrant 폭군, 전제 군주   matter 문제, 사건   set free 풀어주다, 석방하다   drag 끌다, 끌고 가다   prison 교도소, 감옥   defend oneself 변호하다   wail 울부짖다, 통곡하다   ungrateful 은혜를 모르는, 배은망덕의   sob 흐느낌, 오열; 흐느끼다   well-behaved 행실이 바른

Chapter 04

The story of Pinocchio and the Talking Cricket

집으로 돌아온 피노키오는
제페토 영감의 집에서 살던 말하는 귀뚜라미를 만난다.
귀뚜라미에게서 듣기 싫은 잔소리를 듣게 된 피노키오는
망치를 던져 귀뚜라미를 죽여 버리고 만다.

In the meantime, that rascal,* Pinocchio, was running wildly across fields and meadows.* He was taking one shortcut* after another toward home. In his wild flight,* he leaped over brambles* and bushes* as if he were a goat or a hare* chased* by hounds.*

When he reached home, he found the house door half open. He went into the room, locked the door, and threw himself on the floor. He was giggling* at the thought of Geppetto in prison when he heard a strange noise.

"Cri-cri-cri!"

"Who's there?" asked Pinocchio, frightened.*

"Me!"

Pinocchio turned and found a large cricket* crawling* slowly up the wall.

"Who are you, Cricket?"

"I am the Talking Cricket. I have been living in this room for more than a century."

"Well, today, this room is mine," said Pinocchio. "Now do me a favor and get

---

rascal 개구쟁이, 악당 meadow 목초지, 초원 shortcut 지름길 flight 도주, 탈출 bramble 가시나무, 들장미 bush 떨기나무, 관목 hare 산토끼 chase 뒤쫓다, 추적하다 hound 사냥개 giggle 낄낄 웃다 frightened 깜짝 놀란 cricket 귀뚜라미 crawl 기어가다

out."

"I refuse to leave until I have told you a very important fact," answered the Cricket.

"Tell me quickly, then leave."

"Boys who refuse to obey* their parents and run away* from home are doomed*! They will never be happy in this world, and when they grow up they will be very sorry for it."

"Say what you want, Cricket. But tomorrow at dawn,* I leave this place forever.* If I stay here, I will have to live like all the other children. I'll be sent to school, and made to study. I don't want that. Let me tell you, I hate studying! It's much more fun to chase after butterflies, climb trees, and steal birds' nests."

"If you go on like that, you will grow into a donkey.* Then you'll be the laughingstock* of everyone!"

"Be quiet, you ugly Cricket!" cried Pinocchio.

But the Cricket was a wise old philosopher.* Instead of being offended* at Pinocchio's impudence,* he continued* calmly.*

"If you do not like going to school, why don't you at least learn a trade*?" said the Cricket. "Then you'll be able to earn an honest living."

Pinocchio was beginning to lose patience.*

"Of all the trades in the world, there is only one that really suits* me," said the angry Marionette.

"And what is that?"

"That of eating, drinking, sleeping, and

---

obey 복종하다   run away 도망치다, 달아나다   doomed 불운한, 운이 다한
at dawn 새벽녘에   forever 영원히   donkey 당나귀   laughingstock
웃음거리, 조소의 대상   philosopher 철학자   offend 성나게 하다
impudence 건방짐, 무례함   continue 말을 잇다   calmly 침착하게, 태연하게
trade 일, 직업   lose patience 참을 수 없게 되다, 화를 내다   suit 어울리다,
~에 잘 맞다

playing."

"Listen to me, for your own good,* Pinocchio," said the Talking Cricket in his calm voice. "Boys who follow that trade always end up in the hospital or in prison."

"Be careful, ugly Cricket! Don't make me angry!"

Pinocchio jumped up. In a fit of rage,* he took a hammer* from the bench and threw it with all his strength* at the Talking Cricket.

He did not mean* to hit the poor Cricket. But, unfortunately,* he did hit the Cricket, straight on its head.

With one last "cri-cri-cri," the poor Cricket fell from the wall and died!

Chapter 05

Pinocchio is hungry and tries to cook himself an omelet

배가 고파진 피노키오는
집 안을 뒤져 달걀 한 개를 찾아내고 오믈렛을 만들려고 한다.
하지만 달걀에서는 병아리가 부화하여 도망치고
피노키오는 굶을 수밖에 없다.

Pinocchio soon overcame* the shock* of killing the Talking Cricket because he was very hungry. After all,* he had not had anything to eat since he was created*!

for your own good 너를 위해서 in a fit of rage 발끈하여 hammer 망치 with all one's strength 힘껏 mean 의도이다, 작정이다 unfortunately 불행하게 overcome 극복하다, 이겨내다 shock 충격, 쇼크 after all 아무튼 create 창조하다

He ran about* the room and went through* all the boxes and drawers,* and even looked under the bed in search of* a piece of bread. Meanwhile, his hunger grew and grew, and soon he became dizzy* and faint.*

"The Talking Cricket was right," he muttered,* clutching* his growling* stomach. "It was bad of me to disobey* Father and to run away from home. If he were here with me, I wouldn't be so hungry!"

Just then, he saw an egg among the sweepings* in a corner. He grabbed it and almost cried with joy.

"And now, how shall I cook you?" he said, smiling at the egg. "Yes! I'll make an omelet!"

He heated up a pan. But, instead of butter or oil, he poured* a little water into the pan. As soon as the water started to

Pinocchio is hungry and tries to cook himself an omelet 35

boil,* he broke the eggshell.* However, instead of the white and the yolk of the egg, out came a little yellow Chick*! It was fluffy* and gay* and smiling.

"Thank you, Mr. Pinocchio," said the Chick, bowing* gracefully.* "You have saved me the trouble* of breaking my shell! Goodbye and good luck to you!"

With these words, he flew away into the air until he was out of sight.*

"The Talking Cricket was right!" cried Pinocchio. "If I had not run away from home and if Father were here now, I would not be dying of hunger!"

Unable to overcome the painful* emptiness* of his stomach, Pinocchio

---

run about 뛰어 돌아다니다 go through 샅샅이 조사하다 drawer 서랍 in search of ~을 찾아서 dizzy 현기증 나는 faint 어질어질한 mutter 중얼거리다 clutch 붙들다, 부여잡다 growling 꼬르륵거리는 disobey 따르지 않다, 불복종하다 sweepings (쓸어서 모아 놓은) 쓰레기 pour 따르다, 붓다 boil 끓다, 삶다 eggshell 달걀 껍질 yolk 노른자위 chick 병아리 fluffy 털이 보송보송한, 보풀보풀한 gay 쾌활한, 즐거운 bow 절하다 gracefully 우아하게 save trouble 수고를 덜어 주다 out of sight 보이지 않게 되어 painful 고통스러운, 괴로운 emptiness 공복, 텅 비어 있음

decided to go to a nearby* village with the hope of finding some charitable* person who might give him a bit of bread.

Chapter 06

Pinocchio burns off his feet

먹을 것을 찾아 나선 피노키오는
마을에 도착하여 어느 집 대문을 두드리지만 물벼락만 맞는다.
흠뻑 젖은 채 집으로 처량하게 돌아온 피노키오는
불에 다리를 말리며 잠이 든다.

The street was pitch-black.* The weather was terrible, and bright flashes of lightning now and again* shot across the sky, turning it into a sea of fire. An angry wind blew cold and raised dense* clouds of dust.*

---

nearby 근처의; 근처에 charitable 자비로운, 인정 많은 pitch-black 칠흑 같은, 캄캄한 now and again 때때로, 종종 dense 자욱한, 짙은 dust 먼지

Pinocchio was afraid, but the hunger he felt was far greater than his fear. He did not stop running until he reached the village.

The whole village was dark and empty. All the stores were closed. In the streets, not a single person could be seen.

Pinocchio, in desperation,* ran up to a doorway.* He rang the bell repeatedly.*

An old man in a nightcap* opened the window and peeped out.*

"What do you want at this late hour?" the old man asked angrily.

"Will you be kind enough to give me a bit of bread? I am starving.*"

"Wait there," answered the old man. He thought Pinocchio was one of those boys who love to roam around* at night ringing people's bells while they are peacefully* asleep.

The old man came back in a minute.

"Come under the window!" he said.

Pinocchio got under the window just in time to feel a shower of ice-cold water pour down on his wooden head.

He returned home, soaking wet* and still hungry. He sat down on a little chair and put his two feet on the stove* to dry them. He soon fell asleep, and while he slept, his wooden feet began to burn. Slowly, they blackened* and turned to ashes.*

Pinocchio snored away* happily, unaware* that he was burning his feet off. At dawn he opened his eyes just as a loud knock sounded at the door.

"Who is it?" he said, rubbing* his eyes.

"It's me," answered Geppetto.

---

in desperation 자포자기하여   doorway 문간, 출입구   repeatedly 되풀이하여   nightcap 나이트캡   peep out 밖을 슬쩍 내다보다   starving 굶주린   roam around 이리저리 돌아다니다   peacefully 평안하게, 평화롭게   soaking wet 흠뻑 젖은   stove 화로, 난로   blacken 까맣게 되다, 까매지다   ash 재   snore away 코를 골며 시간을 보내다   unaware 알지 못하는   rub 비비다, 문지르다

Chapter 07

Geppetto returns home

경찰서에서 돌아온 제페토 영감은
피노키오가 자기 발을 태운 것을 보고 측은하게 여긴다.
제페토 영감은 피노키오에게 배 세 개를 깎아 주고
피노키오는 그것을 맛있게 먹는다.

Poor Pinocchio had not yet found out that his two feet were burnt and gone. When he heard his Father's voice, he jumped up from his seat to open the door. As he did so, he staggered* and fell to the floor.

"Father, I can't walk!" cried Pinocchio.

"Why?"

"Someone has eaten my feet."

"What?"

"The cat ate my feet!" said Pinocchio, seeing the little animal busily playing with some shavings* in the corner of the room.

Geppetto climbed up the side of the house and went in through the window. On seeing Pinocchio stretched out on the floor and really without feet, he felt very sad. He picked up the poor Marionette from the floor and fondled* and caressed* him.

"My little Pinocchio!" he cried. "How did you burn your feet?"

"I don't know, Father. But I had a terrible night. The thunder was so noisy and the lightning was so bright. And I was very, very hungry!"

---

stagger 비틀거리다   **shavings** 깎아낸 부스러기, 대팻밥   **fondle** 애무하다, 쓰다듬다   **caress** 어루만지다

Geppetto felt sorry for Pinocchio. He pulled three pears* out of his pocket and offered* them to him.

"If you want me to eat them, please peel* them for me," said Pinocchio.

"Peel them?" asked Geppetto, surprised. "I never thought that you were so dainty* and fussy* about your food. That is bad, very bad! We must accustom ourselves to* eat everything, for we never know what life may hold in store for* us!"

"I will not eat the pears unless they are peeled."

Good old Geppetto took out a knife, peeled the three pears, and put the skins on the table.

Pinocchio ate one pear and looked around to throw the core* away. Geppetto held his arm.

"Don't throw that away!" said Geppetto.

"But I will not eat the core!" cried

Pinocchio in an angry tone.

"We'll see," said Geppetto calmly, placing the three cores on the table next to the skins.

Pinocchio, having devoured* the three pears, yawned* loudly.

"I'm still hungry," he said.

"But I don't have anything more to give you," replied* Geppetto.

"Nothing?"

"I have these cores and these skins."

"If you don't have anything else, I'll eat them."

One after the other, the skins and the cores disappeared.*

"Ah! That feels good!" said Pinocchio after eating the last one.

---

pear 배 offer 제공하다, 주다; 제공 peel 껍질을 벗기다 dainty 섬세한, 까다로운 fussy 까다로운 accustom oneself to ~에 익숙해지다 in store for (장래나 운명 등이) ~에게 닥치려고, 준비하여 core 과심, 씨 devour 게걸스럽게 먹다 yawn 하품하다 reply 대답하다 disappear 사라지다

"You see," said Geppetto, "I was right when I told you that one must not be too fussy and too dainty about food. My little Pinocchio, we never know what life may have in store for us!"

Geppetto makes Pinocchio a new pair of feet

제페토 영감은 피노키오에게서
착한 아이가 되겠다는 다짐을 받은 후 새 다리를 만들어 준다.
또한 자신의 외투를 팔아서 피노키오에게
학교에서 공부할 책을 사 준다.

As soon as his hunger was appeased,* Pinocchio started to grumble* that he wanted a new pair of feet. But Master Geppetto wanted to punish* Pinocchio for his mischief.* So he left him alone the

---

appease 가라앉히다, 달래다 **grumble** 투덜거리다, 불평하다 **punish** 벌하다, 응징하다 **mischief** 장난, 못된 짓

whole morning and afternoon.

"Why should I make you a new pair of feet?" asked Geppetto after dinner. "So you can run away from home once more?"

"I promise you that from now on I'll be good," answered Pinocchio, sobbing.

"Boys always say that when they want something," said Geppetto.

"I promise to go to school every day."

"Boys always promise that when they want something."

"But I am better than other boys! And I always tell the truth. I promise you, Father, that I'll learn a trade. Then I'll look after you and keep you comfortable when you are too old to work."

Geppetto tried to look very stern.* However, he felt his eyes fill with tears and his heart soften* to see Pinocchio so unhappy. He said nothing, but taking his tools* and two pieces of wood, he set to work diligently.*

In less than an hour, Pinocchio's feet were finished. They were slender,* nimble* little feet, strong and quick, and they seemed as if they were modeled* by an artist's hands.

"Now close your eyes and go to sleep!" Geppetto then said to Pinocchio.

Pinocchio closed his eyes and pretended* to be asleep while Geppetto stuck* on the two feet with a bit of glue* melted* in an eggshell. Geppetto's work was so masterly* that the joint* could hardly* be seen.

As soon as the Marionette felt his new feet, he jumped off the table and started to skip* and jump around.

---

stern 엄격한, 단호한 soften 누그러지게 하다 tool 연장, 도구 diligently 부지런히, 열심히 slender 호리호리한, 가느다란 nimble 빠른, 날렵한 model 만들다 pretend ~인 체하다 stick 붙이다, 떨어지지 않다 glue 아교 melt 녹다, 용해하다 masterly 능란한, 훌륭한 joint 이음매, 이은 자리 hardly 거의 ~ 않는 skip 뛰어다니다, 깡충깡충 뛰다

"To show you how grateful* I am to you, I'll go to school now," said Pinocchio. "But I need new clothes to go to school."

Geppetto did not have any money. So he made his son a little suit* of flowered* paper, a pair of shoes from the bark of a tree, and a tiny cap from a bit of dough.*

Pinocchio ran to look at himself in a bowl* of water.

"Now I look like a gentleman," he said, feeling happy and proud.

"Yes, you do," answered Geppetto. "But remember that fine clothes do not make the man unless they are neat and clean."

"Yes, father," answered Pinocchio. "But there is something else that I need before I go to school."

"What?"

"An A-B-C book."

"That's right!"

"But father, you don't have any money."

"Let me worry about that, my little Pinocchio," said Geppetto.

He jumped up from his chair, put on his old coat, full of darns* and patches,* and he ran out of the house without another word.

After a while, he returned with the A-B-C book in his hand. But the old coat was gone.

"Where's your coat, Father?" asked Pinocchio.

"I sold it."

"Why?"

"It was too warm."

Pinocchio understood the answer. Unable to restrain* his tears, he jumped on his father's neck and kissed him over and over again.*

---

greatful 감사하는 suit 옷 flowered 꽃무늬의 dough 가루 반죽 bowl 사발, 주발 darn 꿰멘 자리, 기운 자리 patch 헝겊 조각 restrain 억누르다, 제지하다 over and over again 자꾸자꾸, 계속해서

Chapter 09

Pinocchio sells his A-B-C book

학교로 가던 피노키오는
북 소리와 피리 소리에 정신이 팔린다.
급기야 피노키오는 제페토 영감이 외투를 팔아서 사 준
책을 팔아 인형극을 보러 간다.

Pinocchio hurried off to school with his new A-B-C book under his arm.

"In school today, I'll learn to read, tomorrow to write, and the day after tomorrow I'll learn arithmetic,* " he said to himself. "Then I can earn a lot of money,* being the clever* boy that I am. With the very first pennies I make,* I'll buy Father a new coat."

As he talked to himself, he thought he heard sounds of pipes* and drums* from a distance.* He stopped to listen. The sounds came from a little street that led to a small village along the shore.

"What is that noise? What a shame* that I have to go to school! Otherwise* I could go and...."

He thought hard. Was he to go to school, or was he to follow the pipes?

"Today I'll follow the pipes," he said at last, shrugging his shoulders.* "And tomorrow I'll go to school. There's always plenty of time for school."

As soon as he said this, he started down the street, going like the wind. As he ran,

---

arithmetic 산수, 셈 earn money 돈을 벌다 clever 영리한 make pennies 돈을 벌다 pipe 피리 drum 북, 드럼 from a distance 멀리서 shame 유감스러운 일 otherwise 만약 그렇지 않으면 shrug one's shoulders 어깨를 으쓱하다

the sounds of pipes and drums grew louder and louder.

Soon, he found himself in a large square.* It was full of people standing in front of a little wooden building painted in brilliant* colors.

"What is that building?" Pinocchio asked a little boy near him.

"Read the sign.*"

"I'd like to read it, but for some reason I can't today."

"Then I'll read it to you. It says GREAT MARIONETTE THEATER.*"

"Has the show started?"

"It is starting in a minute.*"

"How much is a ticket?"

"Four pennies."

Pinocchio was wild* with curiosity* to know what was going on inside. He was wondering what to do when he saw a junkman* nearby.

"Excuse me," said Pinocchio, who by now had forgotten all about his father. "Will you give me four pennies for my A-B-C book?"

"It's a deal," said the junkman.

Then and there, Pinocchio's book was sold for four pennies.

---

square 광장 **brilliant** 화려한, 멋진 **sign** 간판 **theater** 극단, 극장 **in a minute** 곧, 잠시 후에 **wild** 흥분한 **curiosity** 호기심 **junkman** 고철상, 고물상

The Marionettes recognize their brother Pinocchio

극장 안으로 들어간 피노키오는
그를 알아본 극단의 꼭두각시들에게 대환영을 받는다.
인형극은 엉망이 되고 화가 난 극단의 단장에 의해
피노키오는 불에 태워질 위기에 처한다.

Pinocchio disappeared as quick as a flash* into the Marionette Theater. The curtains were up and the performance* had already started.

Two Marionettes, Arlecchino* and Punchinello,* were acting out a play* on the stage. As usual, they were threatening* each other with wooden sticks.*

The theater was filled with people. They were enjoying every minute of the spectacle.* Men and women and boys and girls were laughing till they cried at the antics* of the two Marionettes.

The play continued for a few minutes. Then, suddenly, Arlecchino stopped talking. He turned toward the audience* and pointed to the back of the orchestra.*

"Look, look!" he screamed* loudly. "Am I dreaming? Is that really Pinocchio over there?"

"Yes, it's Pinocchio!" yelled* Punchinello.

"It really is!" shrieked* Signora*

---

as quick as a flash 재빨리, 눈 깜짝할 사이에 **performance** 연기, 공연 **Arlecchino** 아를레키노(이탈리아의 희극에 등장하는 어릿광대) **Punchinello** 푼키넬로(이탈리아의 곱사등이 어릿광대) **act out a play** 연극을 공연하다, 연기하다 **threaten** 위협하다, 협박하다 **stick** 막대기 **spectacle** 구경거리 **antics** 익살스러운 짓 **audience** 관중, 관객 **orchestra** 오케스트라, 관현악단 **scream** 소리치다 **yell** 소리치다 **shriek** 비명을 지르다; 비명 **Signora** 부인, 여사(Mrs.)

Rosaura, peeking* in from the side of the stage.

"It's Pinocchio! It's Pinocchio!" yelled all of the Marionettes in unison,* pouring out of the wings.* "It's Pinocchio. It's our brother Pinocchio!"

"Pinocchio, come up here!" shouted Arlecchino. "Come and embrace* your wooden brothers!"

Pinocchio could not resist* such a loving* invitation. With one leap from the back of the orchestra, he found himself in the front rows.* With another leap, he was on the orchestra leader's head. With a third, he was on the stage.

He was welcomed with shrieks of joy, warm embraces, and friendly* greetings.*

Meanwhile, the audience became angry because the play had stopped.

"The play!" shouted the audience. "Continue with the play!"

The Marionettes recognize their brother Pinocchio 57

The yelling made no difference.* The Marionettes continued to cheer and jump around.

At that very moment, the Director* of the Theater came out of his room. He was so ugly and fierce-looking* that the very sight of him scared* grown men.* His black beard* was so long that it reached from his chin down to his feet. His mouth was as wide as an oven and his teeth were like yellow fangs.* His eyes were like two glowing* red coals.* In his huge, hairy* hands he held a long whip,* made of green snakeskin* and black cats' tails twisted* together.

At his unexpected* appearance,*

---

peek 재빨리 훔쳐보다 in unison 일제히 the wings 무대의 양옆 embrace 껴안다, 포옹하다 resist 저항하다, 거부하다 loving 애정 어린, 정 많은 row 열, 줄 friendly 친근한 greeting 인사 make no difference 차이가 없다, 문제가 아니다 director 감독, 단장 fierce-looking 사납게 생긴 scare 깜짝 놀래 주다 grown man 성인 beard 턱수염 fang 송곳니 glowing 작열하는 coal 석탄 hairy 털이 많은, 털투성이의 whip 채찍 snakeskin 뱀 가죽 twist 뒤틀리다, 꼬이다 unexpected 예기치 않은, 뜻밖의 appearance 출현

everyone stopped breathing.* The poor Marionettes shook like leaves in a storm.*

"Why have you caused such an uproar* in my theater?" the huge man asked Pinocchio with the voice of an ogre.*

"Believe me, sir, it was not my fault," answered Pinocchio in a trembling* voice.

"Silence! I'll take care of* you later."

When the play was over, the Director went to the kitchen. There, a fine big piece of mutton* was slowly turning on the spit.* More wood was needed for the fire. He called Arlecchino and Punchinello.

"Bring that stupid Marionette to me!" he said to the terrified* Marionettes. "I'm going to use him as firewood."

Arlecchino and Punchinello hesitated* at first. But after a frightening* look from their master,* they left the kitchen to obey him. They soon returned, carrying poor Pinocchio. He was wriggling* and squirming* like an eel* and crying pitifully.*

"Father, save* me!" said the poor Marionette. "I don't want to die! I don't want to die!"

breathe 숨 쉬다, 호흡하다 storm 폭풍우 uproar 소동, 야단법석 ogre 도깨비 trembling 떨리는, 전율하는 take care of ~을 처리하다 mutton 양고기 spit 꼬치 요리에 쓰는 꼬챙이 terrified 겁먹은, 겁에 질린 hesitate 주저하다, 머뭇거리다 frightening 깜짝 놀라게 하는, 겁을 주는 master 주인 wriggle 꿈틀거리다 squirm 꼼지락거리다 eel 뱀장어 pitifully 애처로울 정도로 save 구해 주다

Chapter 11

The Director sneezes and forgives Pinocchio

피노키오를 장작으로 쓰려던 단장은
아버지를 찾는 피노키오를 가엾게 여기고 용서해 주기로 한다.
그런데 피노키오 대신 다른 꼭두각시가 불태워지게 되자
피노키오는 차라리 자신을 태우라고 한다.

The Director was very ugly, but he was not as evil* as he looked. Proof* of this is that, when he saw the poor Marionette struggling* with fear, he felt sorry for him. First he began to have second thoughts and then to weaken.* Finally, he could no longer control himself* and gave a loud sneeze.*

At that sneeze, Arlecchino smiled happily and leaned* toward Pinocchio.

"Good news, brother," he whispered in Pinocchio's ear. "Master has sneezed. That is a sign* that he feels sorry for you. You are saved!"

While normal* people, when sad and sorrowful,* weep and wipe* their eyes, the Director had the strange habit of sneezing each time he felt unhappy.

"Stop crying!" said the Director. "Your sobs give me a funny* feeling down here in my stomach and—E—tchee!—E—tchee!" He finished his speech with two loud sneezes.

"God bless you!" said Pinocchio.

"Thanks! Are your parents still alive?"

---

evil 못된, 사악한 proof 증거, 입증 struggle 발버둥치다, 몸부림치다 weaken 약해지다 control oneself 자제하다, 감정을 억제하다 sneeze 재채기하다 lean 상체를 굽히다, 몸을 숙이다 sign 기미, 조짐 normal 보통의, 정상적인 sorrowful 슬퍼하는, 비탄에 잠긴 wipe 닦다, 훔치다 funny 이상한

asked the Director.

"My father is alive. I have never seen my mother. I'm not sure if I have one."

"Your poor father would be terribly* sad if I were to use you as firewood. Poor old fellow! E—tchee! E—tchee! E—tchee!" Three more sneezes sounded, even louder than before.

"God bless you!" said Pinocchio.

"Thanks! But now I am terribly sad, too. My good dinner has been spoiled.* I have no more wood for the fire, and the mutton is only half cooked. Not to worry! I'll choose another Marionette to burn in your place.* Hey there! Officers*!"

At the call, two wooden officers appeared. They were long and thin as a yard* of rope, with strange hats on their heads and swords* in their hands.

"Take Arlecchino," said the Director in a hoarse* voice. "Tie* him up and throw him onto the fire. I want my mutton well done!"

Arlecchino fell to the floor.

At this moment, Pinocchio threw himself at the feet of the Director.

"Have pity, I beg of you, Signore*!" he pleaded,* weeping.

"There is no signore here!"

"Have pity, please, sir!"

"There is no sir here!"

"Have pity, your Excellency*!"

On hearing himself addressed as* your Excellency, the Director of the Marionette Theater sat up in his chair. He stroked* his long beard. He suddenly felt kind and compassionate.*

"Well, what do you want from me now,

---

terribly 몹시 spoil 망치다, 못 쓰게 만들다 in one's place ~을 대신하여 officer 무관, 사관 yard 야드(길이의 단위) sword 검, 칼 hoarse 쉰 목소리의, (목소리가) 걸걸한 tie 묶다 Signore 나리, 선생님(Mr.) plead 간청하다 your Excellency 각하 address A as B A를 B라고 부르다 stroke 쓰다듬다, 어루만지다 compassionate 인정 많은, 동정심 있는

Marionette?" he said to Pinocchio, smiling proudly.

"I beg for mercy* for my poor friend, Arlecchino."

"I have shown you mercy, Pinocchio. But I am hungry. Arlecchino must burn in your place."

"In that case, it is clear what needs to be done," said Pinocchio proudly, standing up. "Come, officers! Tie me up and throw me onto the fire. It is not fair* to have poor Arlecchino burn in my place. He is the best friend that I have had in my short life."

These brave words were said in a piercing* voice. They made all the other Marionettes cry. Even the officers, who were also made of wood, cried like two babies.

The Director, little by little,* softened and began to sneeze. And after four or five sneezes, he opened his arms wide to Pinocchio.

"You are a brave, noble* boy!" he said. "Come into my arms and kiss me!"

Pinocchio ran to the Director and gave him a loving kiss on the tip of his nose.

At the news that pardon* had been given to Pinocchio and Arlecchino, the Marionettes ran to the stage. They turned on all the lights and danced and sang till dawn.

---

beg for mercy 자비를 구하다   fair 공정한   piercing 귀청을 찢는 듯한
little by little 조금씩   noble 인품이 훌륭한   pardon 용서

Chapter 12

The Director gives Pinocchio five gold pieces to give to Geppetto

피노키오의 용기에 감동한 단장은
금화 다섯 개를 주고 피노키오를 집으로 보내 준다.
피노키오는 집으로 돌아가는 길에 여우와 고양이를 만나
금화를 노리는 그들의 꼼수에 말려든다.

The next day, the Director called Pinocchio aside.*

"What is your father's name?" he asked the Marionette.

"Geppetto."

"And what does he do?"

"He's a woodcarver.*"

"Does he earn much?"

"He never has a penny in his pockets. He had to sell the only coat he had to buy me an A-B-C book for school."

"Poor old man! I feel sorry for him. Here, take these five gold pieces. Go and give them to him with my kindest regards.*"

Pinocchio thanked the kind, ugly man a thousand times. He kissed each Marionette in turn and even the officers. Beside himself with joy,* he set out on his homeward journey.

He had scarcely gone half a mile when* he met a lame* Fox and a blind* Cat, walking together like two good friends.

"Good morning, Pinocchio," said the Fox courteously.*

---

aside 곁에, 한쪽으로   woodcarver 나무 조각가   regards 안부 인사
beside oneself with joy 기뻐서 어찌할 바를 모르고   scarcely A
when B A하자마자 B한   lame 절름발이의, 절뚝거리는   blind 눈먼, 장님인
courteously 정중하게

"How do you know my name?" asked Pinocchio.

"I know your father well. I saw him yesterday."

"What was he doing?"

"He was standing at the door of his house. He was in his shirt sleeves, trembling* with cold."

"Poor Father! But he won't have to suffer* once I get home."

"Why?"

"Because I have become rich."

"You are rich?" said the Fox, and he began to laugh out loud. The Cat was also laughing, but he tried to hide it by stroking his long whiskers.*

"I have five new gold pieces," said Pinocchio angrily, pulling out the gold pieces which the Director had given him.

The Fox unconsciously* held out his paw* that was supposed to* be lame.

The Cat opened wide his two eyes until they looked like two burning coals, but he closed them again so quickly that Pinocchio did not notice.

"What are you going to do with all that money?" asked the Fox.

"I'll buy a fine new coat for my father. Then, I'll buy an A-B-C book for myself. I want to go to school and study hard."

"Look at me," said the Fox. "I lost* a paw because I tried to study."

"Look at me," said the Cat. "I lost my sight because I tried to study."

At that moment, a Blackbird* flew in and perched* on the fence along the road.

"Pinocchio," he said sharply. "Do not listen to bad advice.* If you do, you'll be sorry!"

---

tremble 벌벌 떨다 suffer 고생하다, 고통을 겪다 whisker (고양이, 쥐 등의) 수염 unconsciously 자기도 모르게, 무의식적으로 paw (동물의 발톱 달린) 발 be supposed to ~하기로 되어 있다 lost 잃다, 잃어버리다 blackbird 지빠귀 perch ~에 앉다 advice 조언, 충고

In an instant, the Cat leaped on the poor Blackbird and ate him, feathers and all.

After eating the bird, he cleaned his whiskers, closed his eyes, and became blind once again.

"Poor Blackbird!" said Pinocchio. "Why did you kill him?"

"I killed him to teach him a lesson.* He talked too much."

"Do you want to double your gold pieces?" said the Fox to Pinocchio.

"What do you mean?"

"Do you want one hundred, a thousand, two thousand gold pieces instead of your miserable* five?"

"Of course, but how?"

"There's an easy way. Instead of going home to your father, come with us."

"Where will you take me?"

"To the City of Catchfools.*"

Pinocchio thought a while.

"No, I don't want to go," he said firmly at last. "My Father is waiting for me. He must be very unhappy and worried that I have not yet returned! I have been a bad son, and the Talking Cricket was right when he said that a disobedient* boy can never be happy in this world. I have learned my lesson."

"Well, then, go home, if you really want to," said the Fox. "But you'll be sorry."

"Yes, you'll be sorry," said the Cat.

"Think well, Pinocchio, tomorrow your five gold pieces could be two thousand!"

"Two thousand!" said the Cat.

"But how is that even possible?*" asked Pinocchio.

"I'll explain,*" said the Fox. "Just outside the City of Catchfools, there is a blessed*

---

lesson 교훈 miserable 보잘것없는, 하찮은 Catchfools 캐치풀스(이야기 속의 바보들을 잡는다는 도시) disobedient 순종하지 않는, 불효한 possible 가능한 explain 설명하다 blessed 축복받은, 행복한

field called the Field of Miracles.* In this field you dig* a hole,* and in the hole you bury* a gold piece. After covering up the hole with earth,* you water it well, sprinkle* a bit of salt on it, and go to sleep. During the night, the gold piece sprouts,* grows, blossoms,* and the next day you find a beautiful tree, loaded with* gold pieces."

"So if I were to bury my five gold pieces, the next day, how many will I find?" said Pinocchio with growing wonder.

"It is very simple to figure out,*" answered the Fox. "Assuming that* each piece gives you five hundred, multiply* five hundred by five. Your five gold pieces will produce* two thousand and five hundred new, sparkling* gold pieces."

"That is great!" cried Pinocchio, dancing with joy. "And as soon as I have them, I will keep two thousand for myself and give you the other five hundred."

"A gift for us?" cried the Fox, pretending to be insulted. "There is no need!"

"No need!" said the Cat.

"We do not work for gain,*" answered the Fox. "We work only to help others."

"To help others!" repeated* the Cat.

"They are so kind," thought Pinocchio to himself. Soon he forgot his father, the new coat, and the A-B-C book, and all his good resolutions.*

"Let's go," he said to the Cat and the Fox.

---

miracle 기적   dig 파다   hole 구멍   bury 파묻다, 매장하다   earth 흙   sprinkle 뿌리다   sprout 싹트다   blossom 꽃 피다, 개화하다   (be) loaded with ~을 싣다   figure out 계산하다   assuming that ~을 가정하면   multiply 곱하다   produce 생산하다, 산출하다   sparkling 반짝거리는, 빛나는   gain 보수   repeat 되풀이하다   resolution 결심, 결의

Chapter 13
The Inn of the Red Crayfish

여우와 고양이를 따라 나선 피노키오는
붉은 가재 여관에서 식사를 하고 잠깐 눈을 붙인다.
잠에서 깬 피노키오는 그들이 먼저 출발한 것을 알고
약속 장소로 가려고 여관을 나선다.

Pinocchio and the Cat and the Fox walked and walked. At last, toward evening, they arrived at the Inn* of the Red Crayfish.*

"Let us rest here a while and get a bite to eat," said the Fox. "At midnight,* we'll start out again. We need to be at the Field of

Miracles by dawn."

They went into the Inn, and the three of them sat down at the same table. The poor Cat said he felt very weak, but he managed* to eat thirty-five mullets* with tomato sauce and four portions* of tripe* with cheese. Then he said he was so in need of* strength* that he had to have four more helpings* of butter and cheese.

The Fox said that his doctor had put him on a diet,* and because of that he could only eat a small hare dressed with a dozen young and tender spring chickens. After the hare, he ordered some partridges,* a few pheasants,* a couple of rabbits,* and a dozen frogs and lizards.* He said he would stop there because he was too ill* to eat anymore.

---

inn 여관 crayfish 가재 midnight 자정 manage 그럭저럭 ~하다 mullet 숭어 portion ~인분, 몫 tripe (음식 재료로 쓰는 소, 돼지의) 양 in need of ~을 필요로 하는 strength 힘 helping 한 그릇 diet 식이요법 partridge 자고새 pheasant 꿩 rabbit 집토끼 lizard 도마뱀 ill 욕지기가 나는

Pinocchio ate the least. He asked for a piece of bread and a few nuts* and then hardly touched them. The poor Marionette had his mind on the Field of Miracles.

After supper, the Fox went to talk to the Innkeeper.*

"Give us two good rooms," he said, "one for Mr. Pinocchio and the other for me and my friend. We'll take a little nap* before heading out* again. Remember to call us at midnight sharp.*"

"Yes, sir," answered the Innkeeper. He then winked* slyly* at the Fox, as if to say, "I understand."

Pinocchio fell fast asleep as soon as he was in bed. He began to dream right away. He dreamed he was in the middle of a field. The field was full of grape vines.* The grapes were no other than* gold coins which sparkled merrily as they swayed* in the wind.

Just as Pinocchio stretched out his hand to take a handful of the gold, he was awakened by three loud knocks on the door. The Innkeeper had come to tell him that midnight had struck.

"Are my friends ready to leave?" the Marionette asked.

"They already left two hours ago."

"Why did they leave in such a hurry?"

"Unfortunately, the Cat received a telegram* which said that his firstborn* was ill. He could not even wait to say goodbye to you."

"Did they pay for their supper?"

"How could they do such a thing? They are gentlemen, and they did not want to

---

nut 견과   innkeeper 여관 주인   take a nap 낮잠을 자다, 선잠을 자다   head out 출발하다   sharp 정각에   wink 눈을 깜박거리다, 윙크하다   slyly 몰래, 은밀히   vine (포도나무) 덩굴   no other than 다름 아닌   sway 흔들리다   telegram 전보, 전신   firstborn 맏이, 첫째 아이

offend you so deeply as not to allow you the honor of paying the bill.*"

"I see," said Pinocchio, scratching his head. "Where did my good friends say they would wait for me?"

"They said they would meet you at the Field of Miracles at sunrise tomorrow morning."

Pinocchio paid a gold piece for the three suppers and started on his way toward the Field of Miracles.

He walked on, not knowing where he was going because it was very dark. As he walked on, Pinocchio noticed a tiny insect* glimmering* on the trunk* of a tree. It was a small, small thing, glowing with a pale,* soft light.

"Who are you?" said Pinocchio.

"I am the ghost* of the Talking Cricket," answered the little voice that sounded as if it came from a different world.

"What do you want?" asked Pinocchio.

"I want to give you some words of good advice. Go back home and give the four gold pieces you have left to your poor old father who is crying because he has not seen you for many days."

"Tomorrow my father will become a rich man. These four gold pieces will become two thousand."

"Don't trust those who promise you wealth* overnight,* my boy. They are usually either fools or swindlers*!"

"But I must go on!"

"It is already very late!"

"I want to go on."

"It is too dark."

"I want to go on."

"The road is very dangerous."

---

bill 계산서, 청구서 insect 곤충 glimmer 깜박이다, 명멸하다 trunk (나무의) 몸통 pale 엷은, 희미한 ghost 유령 wealth 부, 재산 overnight 하룻밤 사이에 swindler 사기꾼, 협잡꾼

"I want to go on."

"I already told you, boys who insist* on having their own way* always come to grief* sooner or later.*"

"Stop telling me the same nonsense.* Goodbye, Cricket."

"Goodnight, Pinocchio, and may Heaven keep you safe from the Assassins.*"

It was silent for a minute, and the light of the Talking Cricket disappeared suddenly. Once again, the road was completely dark.

Pinocchio falls into the hands of the Assassins

기적의 들판으로 향하던 피노키오는
정체불명의 두 명의 자객들을 만나게 된다.
자객들이 자신의 금화를 노리자
피노키오는 있는 힘을 다해 도망친다.

After a while, Pinocchio heard a slight* rustle* among the leaves behind him. He turned around to find, there in the darkness, two big black shadows. They

---

insist 우기다, 주장하다 have one's own way 제멋대로 하다 grief 큰 슬픔, 비탄 sooner or later 조만간 nonsense 허튼소리 assassin 암살자, 자객 slight 근소한, 약간의 rustle 살랑거리는 소리

were wrapped* from head to toe in black sacks.* The two figures* jumped toward him so softly as if they were ghosts.

Not knowing where to hide the gold pieces, Pinocchio stuck all four of them under his tongue. He tried to run away, but hardly had he taken a step when he felt strong hands grab his arms.

"Your money or your life!" said one of the men in a deep, terrifying voice.

Pinocchio could not say anything because he had the gold pieces in his mouth. So he tried his best, by gesturing* with his hands and body, to show them that he was a poor Marionette.

"Give us your money!" cried the two thieves* in threatening* voices.

Once more, Pinocchio gestured, "I don't have a single penny."

"Give us your money, or you're a dead* man," said the taller of the two Assassins.

"Dead man," said the other.

"And after we kill you, we will also kill your father."

"Kill your father!"

"No! Not my Father!" cried Pinocchio. As he screamed, the gold pieces tinkled* together in his mouth.

"Ah, you rascal!" said the taller Assassin. "You have the money hidden under your tongue!"

One of the Assassins grabbed the Marionette by the nose and the other by the chin. They then pulled him unmercifully from side to side in order to make him open his mouth.

All was in vain.* The Marionette's lips could not be parted.* In desperation, the smaller of the two Assassins pulled out a long knife from his pocket and tried to pry

---

wrap 감싸다 **sack** 자루 **figure** 형상 **gesture** 몸짓으로 신호하다 **thief** 도둑 **threatening** 위협적인 **dead** 죽은 **tinkle** 딸랑딸랑 울리다 **in vain** 헛되이 **part** 벌어지다

Pinocchio's mouth open* with it. Then, in an instant, Pinocchio sank his teeth deep into* the Assassin's hand, bit it off, and spat it out.* He was surprised to see that it was not a hand, but a cat's paw.

Encouraged* by this first victory,* the brave Marionette freed himself from the claws* of the Assassins. He leaped over the bushes along the road and ran swiftly across the fields. His pursuers* ran after him at once, like two dogs chasing a hare.

After running seven miles or so, Pinocchio was exhausted.* Finding himself lost, he climbed up a giant pine* tree and sat there to look around. The Assassins tried to climb as well, but they slipped and fell. So they gathered* a bundle of* wood, piled it up at the foot of the pine, and set fire to* it. On seeing the flames,* Pinocchio jumped quickly to the ground and started to run again. The Assassins, as before, were running behind him.

Dawn was breaking when Pinocchio found his path* barred* by a deep pool full of water the color of muddy* coffee. Without thinking, he jumped over it. The Assassins jumped as well, but they fell right into the middle of the pool. Pinocchio heard the splash* and turned around.

"Have a nice bath together, Signori!" he said, laughing. He did not, however, stop running.

After a few more steps, he thought they must surely be drowned* and turned his head to see. But the two Assassins were still following him, with their black sacks drenched* and dripping* with water.

---

pry ~ open ~을 비집어 열다 **sink one's teeth into** ~을 한입에 먹다 **spit ~ out** ~을 뱉어 내다 **encourage** ~의 기운을 북돋우다 **victory** 승리 **claw** (동물의) 발톱 **pursuer** 추적자 **exhausted** 지칠 대로 지친 **pine** 소나무 **gather** 모으다, 모이다 **a bundle of** 한 꾸러미의 **set fire to** ~에 불을 지르다 **flame** 불꽃, 불길 **path** 길 **bar** 방해하다, 막다 **muddy** 탁한, 진흙색의 **splash** 물 튀기는 소리, 철벅철벅하는 소리 **drown** 익사시키다 **drench** 흠뻑 물에 적시다 **drip** 똑똑 떨어지다

Chapter 15

The Assassins catch Pinocchio

자객들에게 붙잡힌 피노키오는
금화를 자신의 입속에 넣고 끝까지 내주지 않는다.
이에 자객들은 피노키오의 목에 올가미를 걸어
떡갈나무 가지에 매단다.

After running for almost an hour, Pinocchio finally reached the door of a cottage* in the forest.* He knocked. There was no answer. Pinocchio, in despair,* began to kick and bang* against the door. Then a window opened, and a lovely little girl looked out. She had turquoise* hair and a beautiful, white face. Her eyes were closed, and her hands were crossed on her breast.*

"No one lives in this house," she whispered. "Everyone is dead."

"Won't you please open the door for me?" cried Pinocchio.

"I am also dead."

"Dead? Then what are you doing at the window?"

"I am waiting for the coffin* to take me away."

The little girl disappeared, and the window closed without a sound.

"Oh, little Fairy* with Turquoise Hair," cried Pinocchio, "open the door, I beg of you."

Just then, two powerful* hands grasped Pinocchio by the neck.

cottage 오두막집 forest 숲 in despair 절망하여, 자포자기하여 bang 탕
치다 turquoise 청록색의 breast 가슴 coffin 관 fairy 요정 powerful
힘센

"Now we have you!" said the Assassins.

They took out two long, sharp knives, and struck two heavy blows on* the Marionette's back.

Luckily for him, Pinocchio was made of very hard wood, and the knives broke into a thousand pieces.

"There is nothing left to do now, but to hang him," said one of the Assassins to the other.

"To hang him," said the other.

They tied Pinocchio's hands together and slipped* the noose* around his neck. Throwing the rope over the high limb* of a giant oak* tree, they pulled till the poor Marionette hung far up in the air.

They sat on the grass waiting for Pinocchio to give his last gasp.* But after three hours, his eyes were still open, his mouth still shut and his legs kicked harder than ever.

Tired of waiting, the Assassins got up.

"We'll be back tomorrow," they said. "You'll surely be dead by then."

Little by little, the noose became tighter and tighter, choking* poor Pinocchio. Death was creeping nearer and nearer. Pinocchio still hoped for some good soul* to come to his rescue,* but no one came. As he was about to die, he thought of poor Geppetto.

"Oh, Father," he murmured. "If only you were here!"

These were the Marionette's last words. He closed his eyes, opened his mouth, stretched out his legs, and hung there as if he were dead.

---

strike a blow on ~을 탕 치다, 한방 치다 **slip** 미끄러지게 하다, 슬쩍 끼우다 **noose** 올가미 **limb** 큰 가지 **oak** 떡갈나무 **give one's last gasp** 마지막 숨을 내쉬다, 숨이 멎다 **choke** 질식시키다 **soul** 인물, 사람 **rescue** 구출, 구원

Chapter 16

The Fairy with Turquoise Hair sends for the poor Marionette

떡갈나무에 매달린 피노키오는
청록색 머리카락의 아름다운 요정에게 구출되어 목숨을 건진다.
요정은 까마귀, 부엉이, 귀뚜라미 의사들을 불러
피노키오를 진찰하게 한다.

If the poor Marionette had dangled* there much longer, he would certainly have died. Fortunately for him, the Fairy with Turquoise Hair once again looked out of her window. She was filled with pity at the sight of* the poor little fellow. She clapped* her hands sharply together three times.

At the signal,* a large Falcon* came and settled* itself on the window ledge.*

"What is your command,* my charming* Fairy?" asked the Falcon.

"Do you see that Marionette hanging from that giant oak tree?"

"I do."

"Fly to him. With your strong beak,* break the knot* which holds him, take him down, and lay him softly on the grass at the foot of the oak."

The Falcon flew away and did as he was told.

"Is he dead or alive?" the Fairy with Turquoise Hair asked him when he returned.

"At first, I thought he was dead. But

---

dangle 대롱대롱 매달리다　at the sight of ~을 보고　clap (손뼉을) 치다　signal 신호　falcon 매, 송골매　settle 놓다, 앉히다　ledge 선반　command 명령　charming 매력 있는, 아름다운　beak 부리　break a knot 매듭을 풀다

when I loosened* the knot around his neck, he gave a long sigh* and mumbled with a faint voice, 'Now I feel better!'"

The Fairy clapped her hands twice. A Poodle dressed in court* livery* appeared, walking on his hind legs* like a man.

"Come, Medoro," the Fairy said to him. "Get my best coach* ready and set out toward the forest. You will find a poor, half-dead Marionette stretched out on the grass at the foot of the oak tree. Bring him to me."

The Poodle, to show that he understood, wagged* his tail two or three times and set off at a quick pace.* In a few minutes, a lovely little coach, made of glass, pulled out of the stable.* It was drawn by one hundred pairs of white mice. The Poodle sat on the coachman*'s seat and snapped* his whip happily in the air.

The coach returned in a quarter of an hour. The Fairy, who had been waiting at the door of the house, lifted* the poor little Marionette in her arms. She took him to a room and put him to bed. She then sent immediately for the three most famous* doctors of the neighborhood—the Crow,* the Owl* and the Talking Cricket—to come to her. They soon arrived, one after the other.*

"I would like to know, Signori, if this poor Marionette is dead or alive," said the Fairy, turning to the three doctors gathered around Pinocchio's bed.

The Crow was the first to examine* poor Pinocchio. He felt his pulse,* his nose, and his little toe.*

---

loosen 풀다 give a sigh 한숨을 쉬다 court 왕실의 livery 제복, 정복 hind leg 뒷다리 coach 마차 wag 흔들다 pace 걷는 속도, 발걸음 stable 마구간 coachman 마부 snap 잡아채다 lift 들어 올리다 famous 유명한 one after the other 잇따라, 하나둘 crow 까마귀 owl 부엉이 examine 진찰하다 feel one's pulse 맥박을 재다 toe 발가락

"I believe that this Marionette is dead and gone,*" he said solemnly.* "But I am not completely certain."

"I am sorry, but I disagree with* the Crow, my famous friend and colleague,*" said the Owl. "I think this Marionette is alive, but, just like my friend, I am not completely certain. I could be wrong."

"And what is your opinion*?" the Fairy asked the Talking Cricket.

"I think that a wise doctor, when he is not sure about something, would keep his mouth shut. However, the Marionette is not a stranger* to me. I have known him a long time!"

Pinocchio, who until then had been very still and quiet, shuddered* so hard that the bed shook.

"That Marionette is the worst kind of rascal," continued the Talking Cricket.

Pinocchio opened his eyes and quickly

closed them again.

"He is a rude* and lazy* runaway.*"

Pinocchio pulled up the sheets* to cover his face.

"That Marionette is a disobedient son who has broken his father's heart!"

The Fairy with Turquoise Hair raised the sheets to discover* Pinocchio's face covered in tears.

---

dead and gone 죽고 없는 solemnly 진지하게 disagree with ~와 의견이 다르다 colleague 동료 opinion 의견, 견해 stranger 낯선 이 shudder 몸서리치다, 진저리 치다 rude 무례한 lazy 게으른 runaway 도망자 discover 발견하다

Pinocchio eats sugar, but refuses to take medicine

고열로 시달리는 피노키오는
달콤한 설탕만 먹으려고 요령을 피우고
쓴 약은 먹지 않으려고 한다.
요정에게 거짓말을 하던 피노키오는 코가 길어진다.

After the doctors left, the Fairy went to Pinocchio's bed. She touched him on the forehead and noticed that he was burning with fever.* She took a glass of water, put a white powder into it, and handed it to the Marionette.

"Drink this, and in a few days you'll be

well* again."

Pinocchio looked at the glass and made a wry* face.

"Is it sweet or bitter*?" he asked in a whining* voice.

"It's bitter, but it's good for you."

"I don't want it."

"Drink it, and I'll give you a lump of* sugar."

"I'll have the sugar first, then I'll drink the bitter water."

"Do you promise?"

"Yes."

The Fairy gave him the sugar, and Pinocchio chewed* and swallowed* it.

"If only sugar were medicine*!" he said, licking* his lips.

"Now be a good boy and drink these few

---

fever 열, 신열 **well** 건강한 **wry** 찡그린 **bitter** 쓴 **whining** 푸념하는, 투덜대는 **a lump of** 한 덩어리의 **chew** 씹다 **swallow** 삼키다 **medicine** 약 **lick** 핥다

drops of water."

Pinocchio took the glass in both hands and brought it to his nose.

"It is too bitter! I can't drink it."

"How do you know, when you haven't even tried* it?"

"I want another lump of sugar, then I'll drink it."

The Fairy, with all the patience of a good mother, gave him another lump of sugar and again handed him the glass.

"I won't drink it," cried Pinocchio, bursting out* crying. "I won't drink this awful,* bitter water. I won't. I won't! I won't!"

"My boy, you'll be sorry later."

"I don't care."

"You are very sick."

"I don't care."

"In a few hours, your fever will take you far away to another world."

"I don't care."

"Aren't you afraid of* death?"

"No. I'd rather die than drink that awful medicine."

At that moment, the door of the room swung open.* Four black Rabbits entered, carrying a small black coffin on their shoulders.

"Who are you?" asked Pinocchio.

"We have come for you," said one of the Rabbits.

"For me? But I'm not dead yet!" cried Pinocchio.

"No, but you will be dead in a few moments since you have refused to take the medicine."

"Oh, Fairy, give me that glass!" the Marionette cried out. "Quickly, please! I don't want to die!"

---

try 맛보다   burst out 절규하다, 갑자기 ~하기 시작하다   awful 끔찍한   be afraid of ~을 무서워하다   swing open 활짝 열리다

Holding the glass with his two hands, Pinocchio swallowed the medicine in one big gulp.*

"Well, we have made the trip for nothing,*" said the four Rabbits.

They turned around and marched* solemnly out of the room, carrying their little black coffin and muttering and grumbling between their teeth.*

Pinocchio felt strong and healthy* almost immediately. He jumped out of bed and into his clothes.

"My medicine was good for you, wasn't it?" said the Fairy.

"It has given me new strength!"

"Why, then, did I have to beg you to make you drink it?"

"I'm a boy, and all boys hate medicine more than sickness.* And I promise, next time, I won't have to be begged so hard. I'll remember those black Rabbits with the black coffin, and I'll take the medicine right away."

"Now come here and tell me how it came about* that you found yourself in the hands of the Assassins."

Pinocchio sat next to the Fairy with Turquoise Hair and told her every detail* of his journey.

"Where are the gold pieces now?" the Fairy asked when the story was over.

"I lost them," said Pinocchio. This was a lie*—he had them in his pocket.

As he said this, his nose, although it was already long, became at least two inches longer.

"Where did you lose them?" the Fairy asked.

"In the forest."

---

in one gulp 한입에, 단숨에   for nothing 헛되이   march 행진하다
between one's teeth 목소리를 죽여   healthy 건강한   sickness 병
come about 일어나다, 발생하다   detail 상세한 설명   lie 거짓말; 거짓말하다

At this second lie, the Marionette's nose grew a few more inches.

"If you lost them in the forest, we'll look for them and find them," said the Fairy. "Everything that is lost there is always found."

"Ah, now I remember," replied Pinocchio, becoming more and more confused.* "I did not lose the gold pieces. I swallowed them when I drank the medicine."

At this third lie, his nose became so long that he could not even turn around. The Fairy sat looking at him and laughing.

"Why are you laughing?" the Marionette asked her, worried at the sight of his growing nose.

"I am laughing at your nose, and at your lies."

"How do you know I am lying?"

"Lies, my boy, are always obvious.*

There are only two kinds of lies—lies with short legs, and lies with long noses. Your lies happen to be the ones with long noses."

Pinocchio was so ashamed* that he tried to escape from the room. However, his nose had become so long that he could not get it out of the door.

---

confused 혼란스러운, 헛갈리는   **obvious** 알기 쉬운, 명백한   **ashamed** 부끄러워, 수치스러워

Pinocchio meets the Fox and the Cat again

요정의 선처로 다시 코가 짧아진 피노키오는
요정의 동생이 되어 함께 살기로 약속한다.
피노키오는 제페토 영감을 마중하러 나갔다가
여우와 고양이를 다시 만난다.

Pinocchio cried for hours, mourning* over the length* of his nose. No matter how* he tried, he could not put it through the door. The Fairy showed no pity because she was trying to teach him a lesson. But after some time, she began to feel sorry for him and clapped her hands together. A thousand woodpeckers* flew in through the window. They pecked* on Pinocchio's nose so hard that in a few moments, it was the same size as before.

"You are so kind, my Fairy," said Pinocchio, drying his eyes. "I love you!"

"I love you, too," answered the Fairy. "If you wish to stay with me, you may be my little brother and I'll be your good sister."

"I would like to stay, but what about my poor father?"

"I have already sent for your father, and he will be here before nightfall.*"

"Really?" said Pinocchio joyfully.* "I would like to go and meet him. I cannot wait to kiss that dear old man, who has suffered so much because of me."

"You can go, but be careful. Take the

---

mourn 슬퍼하다　length 길이　no matter how 아무리 ~할지라도
woodpecker 딱따구리　peck 쪼다　nightfall 땅거미, 황혼　joyfully 기쁘게

wood path, and you'll run into him."

Pinocchio set out and ran like a hare. He stopped when he reached the giant oak tree because he thought he heard a rustle in the brush.* Then he saw the Fox and the Cat, the two traveling companions* with whom he had eaten at the Inn of the Red Crayfish.

"Here is our dear Pinocchio!" cried the Fox, hugging and kissing him. "What happened to you?"

"What happened to you?" repeated the Cat.

"It is a long story," said Pinocchio. "The other night, when I was traveling alone, I met the Assassins on the road…."

"The Assassins? Oh, dear!"

"Yes. They wanted my gold pieces. But I ran, and they ran after me. They overtook* me and hanged me to the limb of that oak."

"That's terrible!" said the Fox. "What an awful world to live in!"

As the Fox talked, Pinocchio noticed that the Cat was carrying his right paw in a sling.*

"What happened to your paw?" asked Pinocchio.

The Cat tried to answer, but he stuttered* so much that the Fox had to help him out.

"I'll answer for my friend. A few hours ago, we met an old wolf on the road. He was hungry and begging for help. We had nothing to give him. So, my friend bit off his paw with his own teeth and gave it to that poor beast.*"

The Fox wiped off a tear.

"If all cats were like you, how lucky the mice would be!" said Pinocchio, wiping off

---

brush 덤불, 잡목림 **companion** 동료, 친구 **overtake** 추월하다, 앞지르다
sling 삼각건, 팔걸이 붕대 **stutter** 말을 더듬다 **beast** 짐승

a tear himself.

"Anyway, what are you doing here?" the Fox asked Pinocchio.

"I am waiting for my father. He'll be here any moment now."

"And where are your gold pieces?"

"I still have them in my pocket, except for the one I spent at the Inn of the Red Crayfish."

"You should sow* them in the Field of Miracles. Then you can have two thousand gold pieces."

"Not today. I'll go with you some other time."

"Then it'll be too late," said the Fox.

"Why?"

"Because the field has been bought by a very rich man. Today is the last day that it will be open to the public.*"

"Is the Field of Miracles far from here?"

"It's only two miles away. We can be

there in half an hour. Are you coming?"

Pinocchio hesitated a moment.*

"Let's go!" he said, shrugging his shoulders.

The Field of Miracles was not two miles away. The three of them walked and walked for half a day, and at last they came to the town called the City of Catchfools. All the streets were filled with hairless* dogs. There were also countless* sheared* sheep trembling with cold, tailless* peacocks,* bedraggled* pheasants,* bald* chickens, thin, bony* pigs and other sad and hungry-looking animals.

A beautiful coach passed now and again through this crowd of paupers* and beggars.* In it sat either a Fox, a Hawk,* or

---

sow 뿌리다 the public 공중, 일반 사람들 a moment 잠시 hairless 털이 없는, 대머리의 countless 셀 수 없는, 무수한 sheared 털이 깎인 tailless 꼬리가 없는 peacock 공작 bedraggled 흠뻑 젖은, 더럽혀진 pheasant 꿩 bald 대머리의 bony 뼈만 앙상한 pauper 극빈자, 가난뱅이 beggar 거지 hawk 매

a Vulture.*

Pinocchio and his companions passed through the city. Just outside the walls, they stepped into a lonely* field.

"Here we are," said the Fox. "Dig a hole here and bury the gold pieces in it."

Pinocchio dug a hole, put the four gold pieces into it, and covered them up very carefully.

"Now we can go," said the Fox. "We must leave the coins alone. You can go back to the City of Catchfools and come back here in twenty minutes. Then you will find the vine grown and the branches filled with gold pieces."

Pinocchio thanked the Fox and the Cat and promised them each a beautiful gift.

"We don't want any gifts," answered the two rogues.* "We're just happy to help you become rich."

The Fox and the Cat said goodbye to

Pinocchio. They wished him good luck
and went on their way.

vulture 독수리, 콘도르 **lonely** 외로운, 한적한 **rogue** 사기꾼, 악당

Chapter 19

Pinocchio is robbed of his gold pieces

기적의 들판에 금화를 심은 피노키오는
부자가 되는 꿈에 부풀어 다시 들판으로 향한다.
하지만 곧 금화를 도둑맞았다는 것을 깨닫고 법원에 고발했다가
오히려 자신이 감옥에 갇히게 된다.

Pinocchio walked impatiently* around the City of Catchfools. After twenty minutes, he finally turned his nose toward the Field of Miracles.

He ran like the wind to the Field of Miracles, expecting to see a vine filled with gold coins. But when he got there, he saw nothing! Just then, he heard a hearty burst of laughter* close to his head. He turned sharply to find a large Parrot* perched on the branch of a tree.

"What are you laughing at?" Pinocchio asked.

"I am laughing at those fools who believe everything they hear. They allow themselves to be caught so easily in the traps* set for them."

"Am I a fool, too?"

"You certainly are, poor Pinocchio. You are a fool for believing that gold can be sown in a field just like beans*! To make money, one must work hard and know how to earn it with his hands or his brain.*"

"I don't know what you mean," said Pinocchio, who was beginning to tremble with fear.*

---

impatiently 성급하게, 조바심을 내며 hearty laughter 입을 크게 벌리고 웃는 웃음 parrot 앵무새 trap 덫, 함정 bean 콩 brain 두뇌, 머리 tremble with fear 두려움으로 떨다

"Let me be clearer," said the Parrot. "While you were away in the city, the Fox and the Cat returned here. They dug up your four gold pieces and ran away as fast as the wind. You'll never be able to catch them!"

Pinocchio began digging furiously* at the earth. He dug and he dug, but there were no gold pieces. They were all gone.

In desperation, he ran to the city and went to the courthouse* to report* the robbery* to the magistrate.* The Judge* was a large Gorilla, venerable* with age. Pinocchio stood before him and told his pitiful* tale.* He gave the names and the descriptions* of the thieves and begged for justice.*

The Judge listened with great patience. There was a kind look in his eyes. He almost wept as he listened to the story. When Pinocchio finished his story, the

Judge put out his hand and rang a bell.

Two large Mastiffs* appeared, dressed in officers' uniforms.*

"This poor fool has been robbed* of four gold pieces," said the magistrate solemnly, pointing to Pinocchio. "Take him and throw him into prison."

Pinocchio was stunned.* He tried to protest,* but the two officers covered his mouth with their paws and dragged him away to prison.

Pinocchio was in prison for four very long months. Had it not been for a very lucky chance, he would probably have had to stay there for longer. It so happened that during Pinocchio's fourth month in

---

furiously 맹렬히, 미친 듯이 노하여　courthouse 법원, 재판소　report 보고하다, 신고하다　robbery 강도질, 도둑질　magistrate 치안 판사　judge 판사　venerable 덕망 있는, 공경할 만한　pitiful 비참한, 딱한　tale 이야기, 설화　description 인상 착의　justice 정의　mastiff 마스티프 견　uniform 제복, 관복　rob 강탈하다, 약탈하다　stun 대경실색하게 하다　protest 항의하다, 이의를 제기하다

prison, the young emperor* who ruled over* the City of Catchfools gained a great victory over his enemy.* To celebrate* this, he ordered fireworks,* shows of all kinds, and all prisoners to be set free.

Once he was outside the prison door, Pinocchio ran and never once looked back.

Chapter 20

Pinocchio sets out to return to the Fairy

감옥에서 풀려난 피노키오는
지난날을 후회하며 서둘러 요정의 집으로 달려간다.
하지만 배가 고파 포도서리를 하러 포도밭에 들어가다가
족제비를 잡으려고 놓은 덫에 걸린다.

Pinocchio immediately set out on the road that was to take him back to the house of the lovely Fairy. He was tormented* by the wish to see his father and his fairy sister. It had rained all day, so

---

emperor 황제 rule over ~을 다스리다 enemy 적 celebrate 경축하다, 축하하다 fireworks 불꽃놀이 torment 괴롭히다, 고통을 주다

the path was muddy, but Pinocchio ran like a grayhound.*

After running without stopping for a couple of miles, Pinocchio stopped suddenly, frozen with terror.*

There, stretched out across the road, was a Serpent.* It was a gigantic* Serpent with bright green skin, fiery* eyes which glowed and burned, and a pointed* tail that smoked* like a chimney.*

Pinocchio gasped loudly and ran back wildly for half a mile. At last, he settled himself on top of a heap of stones to wait for the Serpent to go on his way.

Pinocchio waited for hours, but the Serpent did not move. Trying his best to be brave, he walked straight up to the Serpent.

"I beg your pardon, Mr. Serpent," he said. "Would you be so kind as to step aside to let me pass?"

Pinocchio sets out to return to the Fairy 119

The Serpent neither spoke nor moved.

Pinocchio waited for some sign of an answer. The green Serpent, who had till then seemed wide awake* and full of life,* suddenly became very quiet and still.

Pinocchio, thinking that the Serpent was dead, started to step over* him. Just then, the Serpent shot up like a spring,* and Pinocchio fell head over heels* backward. His head got stuck in the mud, and so he stood upside down with his legs straight up in the air.

The Serpent laughed so hard and so long at the sorry sight that he burst an artery* and died on the spot.*

Pinocchio freed himself and once more began to run in order to reach the Fairy's

---

grayhound 그레이하운드 frozen with terror 공포로 얼어붙어서 serpent 뱀 gigantic 거대한 fiery 불 같은, 타는 듯한 pointed 뾰족한, 날카로운 smoke 연기를 뿜다 chimney 굴뚝 wide awake 아주 잠이 깨어 full of life 원기왕성하여 step over ~을 넘다 spring 용수철 head over heels 거꾸로 artery 동맥 on the spot 그 자리에서, 현장에서

house before dark. As he went, he became very hungry. Unable to withstand* the pangs* of hunger, he jumped into a field to pick a few grapes.

He had just reached a grapevine* when he fell to the ground with a 'crack*!'

Pinocchio had been caught in a trap set there by a Farmer. It had been set for some Weasels* which came every night to steal the Farmer's chickens.

Pinocchio is used as a watchdog

포도밭 주인에게 붙들린 피노키오는
그동안 농장에서 없어진 닭들을 훔쳐간 도둑으로 몰린다.
포도밭 주인은 울면서 억울해 하는 피노키오를
감시견 노릇을 하라며 개집에 내팽개친다.

Pinocchio screamed and wept and begged, but no one came to help him.

Night fell.

Pinocchio was about to faint* when he

---

withstand 견디다, 버티다 pang 격통 grapevine 포도 덩굴, 포도나무
crack 우지직, 날카로운 소리 weasel 족제비 faint 졸도하다, 혼절하다

saw a tiny Glowworm* flickering* by.

"Dear little Glowworm, will you set me free?" he said to her.

"Poor boy!" replied the Glowworm. "How did you get caught in this trap?"

"I stepped into this field to take a few grapes and…."

"Are they your grapes?"

"No."

"Who taught you to take things that do not belong to* you?"

"I was hungry."

"Hunger, my boy, is no reason for stealing."

"You're right!" cried Pinocchio in tears. "I won't ever steal again."

Just then, the conversation* was cut short by approaching* footsteps.*

"Ah, you little thief!" the Farmer said in an angry voice when he found Pinocchio. "So you are the one who's been stealing my chickens!"

"No!" cried Pinocchio, sobbing bitterly.* "I only wanted to take a few grapes."

"One who steals grapes may very easily steal chickens as well. I'll teach you a lesson you won't forget."

The Farmer opened the trap, grabbed Pinocchio by the collar,* and carried him to the house as if he were a puppy.* When he reached the yard in front of the house, he threw Pinocchio to the ground.

"It is late now," he said roughly.* "We'll settle* matters tomorrow. In the meantime, since Melampo, my watchdog,* died yesterday, you may take his place and guard* my henhouse.*"

The Farmer slipped a dog collar around Pinocchio's neck and tied it to a long iron

---

glowworm 반딧불이의 유충, 개똥벌레 flicker 깜박이다, 명멸하다 belong to ~의 것이다, ~의 소유이다 conversation 대화 approaching 다가오는 footstep 발소리 bitterly 비통하게 collar 칼라, 깃 puppy 강아지 roughly 거칠게, 난폭하게 settle 결판내다, 해결하다 watchdog 감시견 guard 지키다, 망보다 henhouse 닭장

chain* that was nailed* to the wall.

"If any thieves come, be sure to bark!" said the Farmer.

After this, the Farmer went into the house and closed the door.

Pinocchio, weeping bitterly and shuddering with cold, went into the doghouse and fell asleep.

Chapter 22

Pinocchio discovers the thieves

닭장을 지키게 된 피노키오는
닭들을 훔치러 온 족제비들을 잡는 데 성공한다.
닭 도둑 족제비들을 잡게 된 농부는 기뻐하며
피노키오를 풀어 준다.

Toward midnight, Pinocchio was awakened by strange whisperings and stealthy* sounds coming from the yard. He stuck his nose out of the doghouse and saw four Weasels. One of them left her

---

iron chain 쇠사슬 nail 못질하여 고정하다 stealthy 몰래 하는, 비밀의

companions and came to the door of the doghouse.

"Good evening, Melampo," she said in a sweet voice.

"I'm not Melampo," answered Pinocchio.

"Then who are you?"

"I'm Pinocchio."

"What are you doing here?"

"I'm the new watchdog."

"But where is Melampo, the old watchdog?"

"He died yesterday."

"Died? Poor beast! Well, we should make the same deal* that we had made with the dead Melampo."

"What deal?"

"We come once in a while* to pay a visit to* this henhouse. We take away eight chickens. Of the eight, seven are for us, and one is for you, provided, of course, that* you pretend to be asleep and not bark for the Farmer."

"Did Melampo really do that?" asked Pinocchio.

"Yes. So, do we have a deal?"

"Yes," answered Pinocchio.

The four Weasels went straight to the henhouse which stood close to the doghouse. They opened the little door with their claws and slipped in. As soon as they were inside, they heard the door close with a sharp bang.

Pinocchio had closed the door and now he dragged a heavy stone in front of it. Then he began to bark as if he were a real watchdog.

The Farmer heard the loud barks and came running out with his gun.

"What's going on?" he asked.

---

make a deal 거래하다   once in a while 이따금   pay a visit to ~을 방문하다   provided that 만약 ~한다면

"The thieves are here," said Pinocchio.

"Where?"

"I've trapped* them inside the henhouse."

The Farmer opened the door to the henhouse. He pulled out the Weasels one by one and tied them in a bag. He then went to Pinocchio and began to pet* and caress him.

"How did you find them so quickly?" he asked the Marionette.

Pinocchio explained everything that had happened. However, he left out* the part regarding* Melampo's betrayal,* thinking that there was no need for him to ruin* the memory* of a dead friend.

"Clever, clever boy!" said the Farmer, slapping* Pinocchio on the shoulder in a friendly way. "To show you how grateful I am, I am setting you free!"

Chapter 23

Pinocchio learns that the Fairy with Turquoise Hair is dead

가까스로 요정의 집에 도착한 피노키오는
요정이 자신을 기다리다가 죽었다는 것을 알고 슬퍼한다.
피노키오는 비둘기를 만나 바닷가에 도착하고
아버지를 구하러 바다에 뛰어든다.

As soon as he was set free, Pinocchio started to run across the fields and meadows. He did not stop until he came to the main* road that was to take him to the Fairy's house.

trap 가두다 pet 어루만지다 leave out ~을 빼다, 배제시키다 regarding ~에 관해서는 betrayal 배신 ruin 망치다 memory 기억, 추억 slap 찰싹 때리다 main 주요한

When he finally reached the part of the forest where the Fairy's house used to be, he found that it was gone. In its place was a small marble* slab.* It bore* the following sad inscription*:

HERE LIES
THE LOVELY FAIRY WITH TURQUOISE HAIR
WHO DIED OF GRIEF
WHEN ABANDONED BY*
HER LITTLE BROTHER PINOCCHIO

The poor Marionette was heartbroken.* He fell to the ground and covered the cold marble with kisses, bursting into bitter tears. Just then, a large Pigeon,* flying far above Pinocchio, spoke to him.

"Tell me, little boy," said the Pigeon, "what are you doing there?"

"I'm crying," said Pinocchio, lifting his head toward the voice.

"Do you by any chance* know of a Marionette named Pinocchio?"

"I am Pinocchio!"

The Pigeon flew swiftly down to the ground. He was much bigger than a turkey.*

"Then I must tell you something about your father, Geppetto. Three days ago, I saw him on a seashore. He was building a little boat on which he would cross the ocean. For the last four months, the poor man has been wandering around Europe, looking for you. Not having found you yet, he decided to look for you in the New World, far across the ocean."

"How far is it from here to the seashore?" asked Pinocchio anxiously.*

"More than fifty miles."

"Fifty miles? Oh, dear Pigeon, I wish I had your wings!"

---

marble 대리석 slab 석판 bear 가지다, 보이다 inscription 비명, 비문
(be) abandoned by ~에 의해 버림받다 heartbroken 비탄에 잠긴, 마음이 아픈 pigeon 비둘기 by chance 우연히, 혹시 turkey 칠면조 anxiously 걱정스럽게

"If you want, I'll take you there."

"How?"

"Jump on my back."

Without saying anything, Pinocchio jumped on the Pigeon's back.

They flew all day and all night. The next morning, they arrived at the seashore.

Pinocchio jumped off the Pigeon's back. The Pigeon, not wanting any gratitude* for a kind deed,* flew away swiftly and disappeared.

The seashore was full of people, shrieking and crying as they looked toward the sea.

"What's the matter?" asked Pinocchio of a little old woman.

"A poor old father lost his only son some time ago and today he set out on a little boat to go in search of him across the ocean. The water is very rough, and we're worried that he might drown."

"Where is the little boat?"

"There," answered the little old woman, pointing to a tiny boat floating* on the sea.

Pinocchio looked closely for a few seconds.

"That's my father!" he screamed. "That's my father!"

Suddenly, the boat disappeared under a huge wave.*

"Poor man!" said the fishermen* on the shore. They whispered a prayer* as they turned to go home.

"I'll save him!" said Pinocchio. "I'll save my father!" With that, he dove into* the sea.

Being made of wood, Pinocchio floated easily and swam like a fish in the rough water. Soon, he was far away from land.

---

gratitude 감사   **deed** 행위   **float** 떠돌다, 부동하다   **wave** 파도, 물결
fisherman 어부   **prayer** 기도   **dive into** ~ 속으로 뛰어들다, 잠수하다

Chapter 24

Pinocchio reaches the Island of the Busy Bees

바다에서 빠져나온 피노키오는
새벽녘에 가까스로 부지런한 꿀벌들의 섬에 상륙한다.
애타게 먹을 것과 쉴 곳을 구하던 피노키오는
청록색 머리카락 요정을 다시 만난다.

Pinocchio swam all night long. At dawn, he reached a long stretch of sand. It was an island in the middle of the ocean. Once he was on shore, Pinocchio took off his clothes and laid them on the sand to dry. He looked over the waters to see whether he could see his father's boat. He saw nothing except* the sea and the sky.

Just then, Pinocchio saw a big Fish swimming nearby, with his head far out of the water.

"Hey there, Mr. Fish," said Pinocchio. "May I have a word with you?"

"Of course," answered the fish, who happened to be a very polite* Dolphin.*

"Is there a place on this island where one may eat without worrying about being eaten?"

"Yes. In fact, you'll find one not far from this spot."

"How can I get there?"

"Take that path to your left and follow your nose.*"

"Tell me one more thing. You travel day and night through the sea, right? Did you perhaps see a little boat with my father in

---

except ~을 제외하고   polite 예의 바른, 공손한   dolphin 돌고래   follow one's nose 똑바로 죽 가다

it?"

"It must have been swamped* in last night's storm."

"And what about my father?"

"By this time, he has probably been swallowed by the Terrible Shark. He has been bringing terror to these waters for the last few days."

"Is this Shark big?" asked Pinocchio, trembling with fright.*

"He is larger than a five-story building. He has a mouth so big and so deep, that a whole train could easily fit* into it."

"Oh, my!" cried Pinocchio, scared to death.* He dressed himself as fast as he could.

"Farewell, Mr. Fish," said Pinocchio. "Many thanks for your kindness."

And then he took the path to his left. After walking for half an hour, he came to a small country called the Land of the

Busy Bees. The streets were filled with people running to and fro.* Everyone had something to do. There was not even a single idle person to be found.

Just then, a man passed by, wornout* and sweating* all over.* He was pulling, with difficulty, two heavy carts* filled with coal.

Pinocchio looked at him and thought he looked like a kind man.

"Excuse me," said Pinocchio, his eyes downcast* in shame.* "Will you be so good as to give me a penny? I am faint with hunger."

"I'll give you four pennies," answered the Coal Man, "if you will help me pull these two wagons.*"

"I am not a donkey," said Pinocchio,

---

swamp (큰 파도 등이) 집어삼키다   tremble with fright 공포로 떨다   fit (어느 장소에 들어가기에) 맞다   scared to death 죽을 만큼 겁먹은   to and fro 앞뒤로, 이리저리   wornout 기진맥진한   sweat 땀 흘리다   all over 도처에   cart 짐수레   downcast (눈을) 내리뜬, 아래로 향한   in shame 부끄러워하여   wagon 짐마차

very much offended. "I have never pulled a wagon."

"My boy, if you are really faint with hunger, eat two slices of your pride.* I hope they don't give you indigestion.*"

In less than a half hour, at least twenty people passed, and Pinocchio begged each one for some money or food.

"Aren't you ashamed?" they all answered. "Instead of being a beggar in the streets, why don't you work and earn your own bread?"

Finally, a little woman went by carrying two jugs* of water.

"Good lady, will you allow me to have a drink from one of your jugs?" asked Pinocchio.

"With pleasure, my boy!" she replied, setting the two jugs on the ground before him.

Pinocchio drank the water in big gulps.

"Thank you," he said. "My thirst* is gone. If only I could so easily get rid of* my hunger as well!"

"If you help me carry these jugs home, I'll give you a slice of bread."

Pinocchio looked at the jugs and said nothing.

"I'll also give you a nice dish of cauliflower* with white sauce* on it."

Pinocchio gave the jugs another look and said nothing.

"And after the cauliflower, some cake and jam."

"I'll take the jugs home for you," Pinocchio said at last.

When they arrived home, the little woman gave Pinocchio all the food she had promised.

---

pride 자만심, 교만함   indigestion 소화 불량   jug 물주전자, 물병   **thirst** 갈증, 목마름   **get rid of** ~을 면하다, ~을 벗어나다   **cauliflower** 꽃양배추, 콜리플라워   **sauce** 소스

Having devoured everything, Pinocchio raised his head to thank his kind benefactress.* As he did so, he gave out a loud cry of surprise.

"What's the matter?" asked the good woman, laughing.

"Because…" answered Pinocchio, stammering* and stuttering, "because… you look like the Fairy with Turquoise Hair! Oh, my little Fairy! Please tell me that it is you!"

Chapter 25

Pinocchio promises the Fairy to be good

잘못을 뉘우치는 피노키오에게
청록색 머리카락의 요정은 그의 엄마가 되어 주기로 한다.
피노키오는 이제부터 공부도 열심히 하고 일도 열심히 하며
착한 꼭두각시가 되겠다고 약속한다.

"You little rascal! How did you know it was me?" said the Fairy, laughing.

"My love for you showed me who you were."

"You left me when I was a little girl, and

---

benefactress (여성) 은혜를 베푸는 사람, 은인 stammer 더듬거리다

now I'm a grown woman. I'm old enough to be your mother!"

"Then I can call you mother instead of sister. I've always wanted a mother. How did you grow so quickly?"

"That's a secret!"

"Please tell me. I also want to grow."

"But you can't grow," said the Fairy.

"Why not?"

"Because Marionettes never grow. You were born a Marionette, and you'll die a Marionette."

"Oh, I'm tired of being a Marionette!" cried Pinocchio. "I want to grow into a man as everyone else does."

"And you will if you deserve it."

"Really? What do I have to do to deserve it?"

"It's simple. Try to be a well-behaved child."

"Don't you think I am a well-behaved

child?"

"Far from it! Good boys are obedient, but you…."

"I never obey."

"Good boys love to study and work, but you…."

"I am a lazy boy and a tramp* all year round."

"Good boys always tell the truth."

"But I always tell lies."

"Good boys happily go to school."

"But I get sick if I go to school. From now on I'll be different."

"Do you promise?"

"I promise. I want to become a good boy and be a comfort to my father. Do you know where my poor father is now?"

"No."

"Will I ever see him again?"

---

tramp 오랫동안 터벅터벅 걷다, 떠돌아 다니다

"I'm sure you will."

At this answer, Pinocchio grabbed the Fairy's hands and kissed them.

"So, beginning tomorrow you'll go to school every day?" said the Fairy.

Pinocchio's face fell a little.

"Why the long face*?" asked the Fairy.

"I'm thinking that it seems too late for me to go to school now."

"No. It's never too late to learn."

"Then I'll work and I'll study. I'll do everything you tell me."

Chapter 26

Pinocchio goes to the seashore to see the Terrible Shark

학교에 다니게 된 피노키오는
열심히 공부하여 선생님들에게 칭찬받는 아이가 된다.
그런데 피노키오를 시기한 나쁜 친구들이 피노키오를 꾀어
무시무시한 상어를 보러 가자며 바닷가로 데려간다.

The next morning, Pinocchio started for school. The boys, seeing a Marionette entering the classroom, laughed until they cried. They all played tricks on* him. One pulled off his hat, another tugged* at his

---

long face 시무룩한 얼굴 play a trick on ~에게 장난을 하다, ~을 속이다
tug 세게 당기다, 끌다

coat, and others tried to paint a mustache* under his nose.

For a while, Pinocchio was very calm. However, he finally lost all patience and kicked one of his tormentors* hard on the shin* and elbowed* another.

"Oh, his foot is so hard!" cried a boy, rubbing the spot where the Marionette had kicked him.

"And what elbows! They are even harder than the feet!" shouted the other one who had been hit.

With that kick and that blow, Pinocchio gained everybody's favor.

As the days turned into weeks, even the teacher praised* him. Pinocchio was attentive,* hard working, and wide awake. The Marionette's only fault was that he had too many friends. Among his friends were many notorious* rascals, who did not care at all about studying or success.

"Take care, Pinocchio!" the Teacher and the Fairy used to warn* the Marionette. "Those bad friends will sooner or later* make you lose your love for study. One day they will lead you astray.*"

"There's no such danger," answered Pinocchio, shrugging his shoulders.

One day, as he was walking to school, some boys came running up to him.

"Have you heard the news?" one of them asked.

"What news?"

"There's a Shark near the shore. They say it's as big as a mountain!"

"Really? It could be the one that swallowed my father."

"Are you coming with us to see it?"

"No. I have to go to school."

---

mustache 콧수염 tormentor 괴롭히는 사람 shin 정강이 elbow 팔꿈치로 쿡 찌르다 praise 칭찬하다 attentive 주의 깊은, 세심한 notorious 악명 높은 warn 경고하다 sooner or later 조만간 lead astray 잘못된 방향으로 이끌다, 타락시키다

"Why do you care about school?"

"What will the teacher say?"

"Let him grumble. Who cares?"

"And my mother?"

"Mothers don't know anything."

"I want to see the Shark too, but I'll go after school."

"But the fish might not stay there for long."

"How long does it take from here to the shore?" asked the Marionette.

"One hour there and back."

"Very well, then. Let's see who gets there first!" said Pinocchio. With that, the Marionette started to run like the wind, and the other boys followed him.

Chapter 27

Pinocchio is arrested*

바닷가에 도착한 피노키오는
상어가 안 보이자 자신이 속았다는 것을 알게 된다.
친구들과 싸움을 벌이게 된 피노키오는
오해를 받고 경찰에 체포된다.

When Pinocchio and his friends reached the shore, there was no sign of a Shark.

"Where's that Shark?" asked Pinocchio, turning to his friends.

---

arrest 체포하다

"Maybe he's gone to get his breakfast," said one of them, laughing.

"Or, perhaps, he went to bed for a little nap," said another, giggling.

From the answers and the laughter which followed them, Pinocchio realized that the boys had played a trick on him.

"What's the joke?" he asked.

"Oh, the joke's on you!" cried his tormentors.

"And that is…?" asked Pinocchio.

"That we have made you stay out of school to come with us. Aren't you ashamed of studying so hard all the time? You never have a bit of fun."

"And why do you care whether or not I study hard?"

"Don't you see? If you study and we don't, we look bad."

"What do you want me to do?"

"Hate school and books and teachers, as

we all do."

"And if I continue to study, what will you do to me?"

"You'll pay for it!"

"Really, you are funny," answered Pinocchio, nodding* his head.

"Hey, Pinocchio, that will do,*" said the tallest of them all. "We are tired of hearing you bragging* about yourself!

And with those words, he gave Pinocchio a blow on the head.

Pinocchio answered with a blow, and that was the signal for the beginning of the fight. Though he was alone, Pinocchio defended himself bravely. With his wooden feet, he worked so fast that his opponents* were forced to* keep a distance. Wherever his blows landed,* the

---

nod 흔들다, 끄덕이다   **That will do.** 그거면 됐어. 이제 그만.   **brag** 떠벌리다, 뽐내다   **opponent** 적수, 상대   **be forced to** 하는 수 없이 ~하다   **land a blow** 한 대 치다

boys could only run away and howl.*

Enraged* at not being able to get close to Pinocchio, one of the boys threw a book at him from afar. It was a large arithmetic book, and it was Pinocchio's. But instead of hitting Pinocchio, the book struck one of the other boys.

"Oh, Mother, help!" the boy cried and fell senseless* to the ground.

At the sight of the pale little body, the boys ran away. Pinocchio was the only one to stay behind. Although he was scared to death, he ran to the sea and soaked* his handkerchief* in the cool water and with it wiped the forehead of his poor little friend.

"Eugene! My poor Eugene!" he cried, sobbing bitterly. "Open your eyes! Why won't you answer?"

Pinocchio cried and moaned and beat his head. Again and again he shook his little friend, then suddenly he heard heavy steps approaching.

He looked up and saw two tall officers.

"What are you doing on the ground?" they asked Pinocchio.

"I'm helping my friend."

"Has he fainted?"

"It seems so," said one of the officers, bending to look at Eugene. "This boy has been hit on the temple.* Who hit him?"

"It wasn't me," stammered Pinocchio.

"If it wasn't you, who was it?"

"It wasn't me," repeated Pinocchio.

"And what was he hit with?"

"With this book," and Pinocchio picked up the arithmetic book to show it to the officer.

"Whose book is this?"

"Mine."

---

howl 울부짖다　(be) enraged at ~에 격분하다, 분개하다　senseless 정신을 잃은, 인사불성의　soak 적시다, 담그다　handkerchief 손수건　temple 관자놀이

"That's enough! Get up and come with us."

"But I am innocent.*"

"Come with us!"

Before starting out, the officers called out to several fishermen passing by.

"Take care of this little boy who has been hurt," they said.

They then took hold of* Pinocchio and put him between them.

"Let's go!" they said roughly.

Pinocchio felt ill. His legs trembled, his tongue was dry, and he could not utter* a single word. Yet despite* his numbness,* he suffered at the thought of passing under the windows of his good little Fairy's house. What would she say on seeing him carried off by two officers?

They had just reached the village when a sudden gust of wind* blew off Pinocchio's cap. It went sailing far down the street.

"Would you allow me to run after my cap?" Pinocchio asked the officers.

"Go, but hurry."

Pinocchio went and picked up his cap. Instead of putting it on his head, however, he stuck it between his teeth and then ran toward the sea.

The officers, judging that it would be impossible* to catch him, sent a large Mastiff after him. Pinocchio ran as fast as he could, but the Dog ran faster. The dog barked loudly, and the people hung out of the windows or gathered in the street to see what was going on. They could not see anything, however, because the Dog and Pinocchio raised so much dust on the road that, after a few moments, it was impossible to see them.

---

innocent 결백한 take hold of ~을 붙잡다 utter 입 밖에 내다, 발언하다
despite ~에도 불구하고 numbness 마비, 무기력 a gust of wind 한 줄기 돌풍 impossible 불가능한

Chapter 28

Pinocchio runs the danger of being fried in a pan like a fish

경찰을 피해 바다로 도망친 피노키오는
낚시를 하던 어부의 그물에 걸리는 신세가 된다.
피노키오를 물고기로 생각한 어부는
피노키오를 튀김 요리로 만들려고 한다.

By the time Alidoro (that was the Mastiff's name) almost caught up to him, Pinocchio was very near the shore. As soon as he set foot on the beach, Pinocchio jumped and fell into the water. Alidoro, as he was running very fast, could not stop in time, so he, too, landed far out in the sea. Strange though it may seem, Alidoro could not swim, so he began to sink.*

"I'm drowning!" he barked out.

"Then drown!" answered Pinocchio from afar, happy at his escape.

"Help, little Pinocchio! Don't let me die!"

Pinocchio, who after all* had a very kind heart, could not ignore* the cries of suffering.

"But if I help you, will you promise not to come after me?" he said to the Dog.

"I promise! But please hurry!"

Pinocchio swam to Alidoro, caught hold of his tail and dragged him to the shore.

Pinocchio, not wishing to risk* being caught by the officers, threw himself once again into the sea.

---

sink 가라앉다　**after all** 아무튼, 어쨌든　**ignore** 무시하다, 모르는 체하다　**risk** 위험을 무릅쓰다; 위험

"Goodbye, Alidoro" he said.

"Goodbye, little Pinocchio," answered the Mastiff. "A thousand thanks for saving my life. If ever you need help, I'll make sure I'm there to give it to you."

Pinocchio went on swimming close to shore until he saw the opening* of a cave.* A spiral* of smoke was rising from it.

"There must be a fire in that cave," he said to himself. "I'll dry my clothes and warm myself."

Pinocchio swam toward the cave. But then, he felt something under him lifting him up higher and higher. To his great surprise, he found himself in a huge net,* amid* a crowd of fish of all kinds and sizes that were trying desperately* to free themselves.

Pinocchio then saw a Fisherman come out of the cave. He was so ugly that Pinocchio thought he was a sea monster.*

His head was covered by a thick bush of green grass. His skin, eyes and beard were all green. He looked like a huge lizard with arms and legs.

"Good heavens!" said the Green Fisherman, going through the fish in the net. "I'll have a fine meal of fish today!" Then he saw Pinocchio. "What kind of fish is this? I've never seen anything like it."

The Green Fisherman looked at Pinocchio closely and turned him over and over.

"I know! He's a crab*!" he said.

Pinocchio was mortified* at being taken for a crab.

"I'm not a crab! Be careful how you deal with* me! I am a Marionette!"

"A Marionette?" said the Fisherman. "A

---

opening 입구 cave 동굴 spiral 나선형의 net 그물 amid ~의 한복판에
desperately 필사적으로 monster 괴물 crab 게 mortify 굴욕감을
느끼게 하다 deal with ~을 다루다

Marionette fish is, for me, an entirely* new kind of fish. I can't wait to see how you taste."

"You're going to eat me? Don't you understand that I'm not a fish? Can't you hear that I speak and think as you do?"

"That's true," answered the Fisherman. "But since I see that you are a fish that can talk and think as I do, I'll treat* you with all due* respect.* I'll let you choose how you want to be cooked. Do you want to be fried in a pan, or do you prefer* to be cooked with tomato sauce?"

"I would much rather go home!" replied Pinocchio.

"It's not every day that one gets to eat a Marionette fish. I'll fry you in the pan with the other fish. I'm sure you'll like it. It's always nice to be in good company."

Pinocchio began to cry and wail and beg. The Green Fisherman took a rope and tied his hands and feet and threw him into the bottom* of the tub* with the others.

Then the Green Fisherman pulled a wooden bowl full of flour* out of a cupboard.* He rolled* the fish in it, one by one. Once they were covered with flour, he threw them into the pan. Then the Green Fisherman threw Pinocchio into the bowl and turned him over and over in the flour until he looked like a Marionette made of chalk.*

---

entirely 완전히, 전적인 treat 대우하다, 다루다 due 응당 받아야 할
respect 존중, 존경 prefer ~을 더 좋아하다 bottom 밑바닥 tub 통, 수조
cupboard 찬장 flour 밀가루 roll 굴리다 chalk 분필

Chapter 29

Pinocchio returns to the Fairy's house

어부에 의해 튀김이 되려는 순간,
피노키오는 자신이 구해 준 매스티프견에 의해 목숨을 건진다.
요정의 집으로 돌아온 피노키오는 겨우 용서를 받고
다시 착한 꼭두각시가 된다.

Pinocchio closed his eyes and waited for his death.

Suddenly, out of nowhere,* a large Dog came running into the cave.

"Get out!" cried the Fisherman.

But the Dog was very hungry.

"Give me a bite of the fish, and I'll leave,"

he said, whining and wagging his tail.

"Get out!" repeated the Fisherman.

He drew back his foot to give the Dog a kick.

The dog, who was already half mad with hunger, turned in a rage toward the Fisherman and bared* his terrible fangs.* And at that moment, he heard a pitiful little voice.

"Save me, Alidoro!" said Pinocchio. "If you don't, he's going to fry me!"

The Dog immediately recognized* Pinocchio's voice. With one great leap, he grasped Pinocchio in his mouth. Holding him lightly between his teeth, he ran through the door and disappeared like a flash.

As soon as he found the road which led to the village, Alidoro stopped and

---

out of nowhere 난데없이   bare 드러내다, 노출시키다   fang 송곳니
recognize 깨닫다

dropped Pinocchio softly to the ground.

"Thank you so much!" said Pinocchio.

"You don't need to thank me," answered the Dog. "You saved my life once, and what is given is always returned. We are in this world to help one another."

"But how did you come to that cave?"

"I was lying on the sand more dead than alive, when an appetizing* smell of fried fish came to me. That smell tickled* my hunger, and I followed it."

Alidoro laughed and held out his paw to Pinocchio. He shook it heartily,* feeling that now he and the Dog were good friends. Then they bid each other goodbye, and the Dog went home.

Pinocchio walked toward a little hut* nearby, where an old man sat at the door.

"Tell me, good man," said Pinocchio, "have you heard anything of a poor boy with a wounded head, named Eugene?"

"The boy was brought to this hut and now…."

"Now he is dead?" Pinocchio asked sorrowfully.

"No, he is alive and he has already gone home."

"Really? Really?" cried Pinocchio, jumping around with joy. "Then the injury* was not serious?"

"But it could have been…and even mortal,*" answered the old man. "A very heavy book was thrown at his head."

"Who threw it?"

"A friend of his, named Pinocchio."

"And who is this Pinocchio?" asked Pinocchio, feigning ignorance.*

"They say he is a mischievous tramp.*"

"That's a lie!"

---

appetizing 식욕을 돋우는, 맛있어 보이는 tickle 간질이다, 자극하다 heartily 열심히, 실컷 hut 오두막 injury 상처, 부상 mortal 치명적인 feign ignorance 모른 체하다 tramp 떠돌이, 방랑자

"Do you know Pinocchio?"

"I've seen him before."

"And what did you think of him?" asked the old man.

"I think he's a very good boy. He loves to study and is obedient and kind to his Father and to his whole family…."

As he told the old man enormous* lies about himself, Pinocchio realized that his nose was twice as long as it should be. Scared out of his wits,* he decided to stop.

"Don't listen to me, good man!" said Pinocchio. "All the wonderful things I have said are not true. I know Pinocchio very well, and he is a very wicked* boy. He is lazy and disobedient. Instead of going to school, he runs away with his friends to play."

After this speech, his nose returned to its natural* size. He bid the old man goodbye and started toward the Fairy's house. He arrived at the village late at night. It was so dark he could see nothing, and it was raining heavily. Pinocchio went straight to the Fairy's house and knocked lightly on the door.

A window on the top floor (the house had four floors) opened, and Pinocchio saw a large Snail* looking out from it. A light glowed on top of her head.

"Who knocks at this late hour?" she asked.

"Is the Fairy home?" Pinocchio answered with a question.

"The Fairy is asleep. She doesn't want to be disturbed.* Who are you?"

"Pinocchio."

"Oh, I see," said the Snail. "Wait for me there. I'll come down and open the door for you."

---

enormous 막대한, 엄청난 **out of one's wits** 제정신을 잃고 **wicked** 나쁜, 사악한 **natural** 자연스러운, 당연한 **snail** 달팽이 **disturb** 방해하다

"Please hurry. It's freezing* down here."

"My boy, remember that I am a snail. Snails are never in a hurry."

An hour passed, then another, and the door was still closed. Pinocchio, shivering from the cold rain on his back, knocked a second time.

At that knock, a window on the third floor opened and the same Snail looked out.

"Dear little Snail, I have been waiting for two hours!" said Pinocchio from the street. "I am so cold. Hurry, please!"

"My boy," answered the Snail in a calm voice. "I am a snail and snails are never in a hurry."

The door opened at last as dawn was breaking. The Snail had taken exactly nine hours to get from the fourth floor to the street. By that time, Pinocchio had fainted and was stretched out in front of the door.

When he regained his senses, Pinocchio found himself on a sofa, and the Fairy was seated near him.

"I forgive you again," said the Fairy. "But don't get into trouble again."

Pinocchio promised to study hard and to behave himself.* And this time, he kept his promise until the end of the year. Then, he passed first in all his examinations.*

"Tomorrow your wish will come true,*" said the Fairy proudly as she looked over* Pinocchio's report cards.*

"What wish?"

"Tomorrow you will become a real boy."

Pinocchio was excited.*

"Can I invite all my friends to celebrate?" he asked.

"Yes. And I'll prepare* two hundred

---

freezing 꽁꽁 얼어붙을 듯이 추운   **behave oneself** 얌전하게 처신하다
examination 시험   **come true** 실현되다, 현실화되다   **look over** ~을
대충 훑어보다, 일일이 조사하다   **report card** 성적표   **excited** 흥분한, 들뜬
prepare 준비하다

cups of coffee with milk and four hundred slices of toast buttered on both sides."

Chapter 30

Pinocchio runs away to Toyland

착실한 생활을 한 덕택에
피노키오는 진짜 사람이 될 거라는 보장을 받는다.
신이 난 피노키오는 친구들에게 초대장을 돌리러 갔다가
램프 심지와 장난감 나라의 유혹에 빠진다.

"Can I go out to give out the invitations?" Pinocchio asked the Fairy.

"Of course. But remember to return home before dark."

"I'll be back in one hour. I promise," answered the Marionette.

"Be careful, Pinocchio! Boys give

promises very easily, but they forget them just as easily."

"But I am not like the other boys. I keep my promises now."

"We will see. If you don't keep your promise, you will be the one to suffer, not anyone else."

"Why?"

"Because boys who do not listen to their elders always suffer."

"I learned that the hard way," said Pinocchio. "But now, I obey my elders."

Pinocchio bade the good Fairy goodbye* and left the house.

In a little over an hour, all his friends were invited.

Now, out of all the boys, Pinocchio's best friend was Romeo. Everyone called him Lampwick,* because he was long and thin and had a grieving* look about him.

Lampwick was the laziest boy in school

and the biggest troublemaker,* but Pinocchio loved him the most.

That day, Pinocchio went straight to his friend's house to invite him to the party, but Lampwick was not home.

Pinocchio searched everywhere, and finally found him hiding near a farmer's wagon.

"What are you doing here?" asked Pinocchio, smiling and running up to him.

"I am waiting for midnight to strike."

"Why?"

"To go far, far away!"

"But you can't go! Haven't you heard the good news? Tomorrow I'm becoming a boy, like you and all my other friends."

"That's great! I'm so happy for you!"

"So are you going to be at my party tomorrow?"

---

bid ~ goodbye ~에게 작별 인사를 하다 **lampwick** 램프 심지 **grieving** 애처로운, 슬픈 **troublemaker** 말썽꾸러기

"But I told you, I'm going away tonight."

"Where are you going?"

"To Toyland. It's the most wonderful country in the world! Come with me, Pinocchio!"

"Me? No, I can't!"

"You are making a huge mistake, Pinocchio. Believe me, you'll be sorely* sorry if you don't come. It is the best place for boys like you and me. There are no schools in Toyland. In that wonderful place there is no such thing as study. Here, it is only on Saturdays that we have no school. In Toyland, every day is a Saturday except for Sunday. Vacation begins on the first day of January and ends on the last day of December. It is the perfect place for me! All countries should be like it! We would be so happy there!"

"How do people spend their days in Toyland?"

"Days are spent in play and enjoyment.* At night one goes to bed happy and satisfied,* and the next morning, the good times begin all over again. What do you think of that?"

"Hmm…," said Pinocchio, nodding his wooden head as if to say, "That's the kind of life I've always wanted."

"So are you coming with me, then? Yes or no? You have to make up your mind.*"

"No, no!" said Pinocchio after a moment's hesitation.* "I promised my kind Fairy that I would become a good boy, and I want to keep that promise. The sun is setting now, and I must leave you and run home. Goodbye and good luck to you!"

"Why are you in such a hurry?"

"The good Fairy wants me to return

---

sorely 심하게, 몹시   enjoyment 즐거움, 기쁨   satisfied 만족한   make up one's mind 결정하다, 결심하다   hesitation 망설임, 주저

home before nightfall."

"Just wait with me for two minutes."

"But it's already too late!"

"Just two minutes, Pinocchio!"

"What if the Fairy scolds* me?"

"Let her scold you. She won't scold you forever," said Lampwick.

"Are you going alone or with some other boys?"

"There will be more than a hundred of us!"

"Are you going to walk there?"

"At midnight, a wagon passes here that takes people inside the borders* of that marvelous* country."

"I would love to see you all set out together."

"Stay here with me and you will see us!"

"No, no. I need to go home."

"Just wait two more minutes."

"I have waited too long already. The

Fairy is going to be worried."

"Poor Fairy! Is she afraid that the bats* might eat you up?"

"Listen, Lampwick," said Pinocchio. "Are you really sure that there are no schools in Toyland?"

"Not even a shadow* of a school."

"Are there teachers?"

"No."

"And we would never have to study?"

"Never, never, never!"

"What a marvelous country!" said Pinocchio, feeling his mouth water. "What a beautiful country! I have never been there, but I can see it clearly in my head."

"Why don't you come, Pinocchio?"

"You can't persuade* me! I told you I promised my good Fairy to behave myself, and I am going to keep my promise."

---

scold 꾸짖다, 야단치다   border 경계선, 국경선   marvelous 놀라운, 신기한
bat 박쥐   shadow 그림자   persuade 설득하다

"Goodbye, then. Remember me through the grammar school,* the high school, and even through the college* that you will attend.*"

"Goodbye, Lampwick. Have a safe journey, enjoy yourself, and remember your friends once in a while."

With these words, Pinocchio started on his way home. After a few steps, he turned once more to his friend.

"Are you sure, Lampwick, that in Toyland, each week is composed of* six Saturdays and one Sunday?" he said.

"Yes, I'm sure!"

"And that the vacation lasts all year round?"

"Yes, very sure!"

"What a great country!" said Pinocchio, not sure what to do next. Then, with sudden determination,* he said, "Goodbye for the last time, and good luck."

"Goodbye."

"How long till you go?"

"Just over two hours."

"What a shame! If it were only one hour, I might wait with you."

"What about the Fairy?"

"I'm already very late, and one more hour won't make much of a difference."

"Poor Pinocchio! And what if the Fairy scolds you?"

"Oh, I'll let her scold me. She'll have to stop at some point."

Meanwhile, the night became darker and darker. Then suddenly, a small light flickered in the distance. A strange sound could be heard, soft as a little bell, and faint and muffled* like the buzz* of a mosquito.*

---

grammar school 문법학교   college 대학   attend (학교에) 다니다   be composed of ~로 구성되다   with determination 단호하게   muffled 소리를 죽인, 소리를 낮춘   buzz 윙윙거리는 소리   mosquito 모기

"There it is!" cried Lampwick, jumping to his feet.*

"What?" said Pinocchio.

"The wagon is coming to get me. For the last time, are you coming with me or not?"

"Is it really true that in that country boys never have to study?"

"Yes! Yes! Yes!"

"What a great, wonderful, marvelous country! Oh!"

Chapter 31

After five months of play, Pinocchio wakes up to a great surprise

친구를 따라 장난감 나라에 간 피노키오는
날마다 공부는 안 하고 놀기만 하는 생활의 재미에 빠진다.
그렇게 다섯 달이 훌쩍 지나간 어느 날 아침,
놀라운 일이 피노키오를 기다리고 있다.

The wagon arrived at last. It was drawn by twelve pairs of donkeys, all of the same size, but all of different color. The strange thing was that all of the donkeys, instead of being iron-shod,* had on their feet laced*

---

jump to one's feet 벌떡 일어서다   iron-shod 쇠 편자를 박은   laced 끈으로 묶는

shoes made of leather,* just like the ones boys wear.

The driver of the wagon was a little fat man. He was round and shiny as a ball of butter. He had a face like an apple, a little mouth that always smiled, and a voice small and wheedling* like that of a cat.

Any boy that saw him fell in love with him instantly. Nothing satisfied boys more than to be allowed to ride in his wagon to that lovely place called Toyland.

The wagon was already closely packed with boys of all ages. The boys looked uncomfortable.* They were piled one on top of the other, and they could hardly breathe. Yet no one complained.* They were all anxious to reach the wonderful country where there were no schools, no books, and no teachers.

The wagon stopped, and the little fat man turned to Lampwick.

"Tell me, my fine boy," he said, smiling a good smile. "Do you also want to come to my wonderful country?"

"Yes, I do."

"But I warn you, my little dear, there's no more room* in the wagon. It is full."

"Never mind," answered Lampwick. "If there's no room inside, I'll sit on the roof of the coach."

And with one leap, Lampwick perched himself on top of the coach.

"What about you, my boy?" asked the Little Man, turning politely to Pinocchio. "Are you coming with us, or are you going to stay here?"

"I'm staying," answered Pinocchio. "I want to go home, as I prefer to study and to succeed in life."

"Then good luck to you!"

---

leather 가죽   wheedling 감언이설로 꾀는   uncomfortable 불편한
complain 불평하다   room 공간

"Pinocchio!" Lampwick called out. "Please listen to me. Come with us, and we'll be happy all the time."

"No, no, no!"

"Come with us, and we'll be happy forever," cried four other voices from the wagon.

"Come with us, and we'll always be happy," shouted more than a hundred boys in the wagon, all at the same time.

"But if I go with you, what will my good Fairy say?" asked Pinocchio, who was beginning to waver* and weaken in his good resolutions.

"Don't worry too much. Just remember that we are going to a country where we will be allowed to do anything we want from morning till night."

Pinocchio did not answer, but sighed deeply.

"Make room for me," he said at last. "I'm

coming with you!"

"The seats are all taken," answered the Little Man, "but to show you how much I like you, I will give you my place as coachman."

"What about you?"

"I'll walk."

"No, that's not right. I'll just ride one of these donkeys," said Pinocchio.

Pinocchio approached the first donkey and tried to mount* it. But the little animal turned suddenly and gave him a terrible kick in the stomach. Pinocchio was thrown to the ground and fell with his legs in the air. The whole company of runaways laughed out loud.

The Little Man did not laugh. He walked up to the rebellious* animal. Still smiling, he bent over the donkey lovingly

---

waver 흔들리다   mount 타다, 올라타다   rebellious 반항하는

and bit off half of his right ear.

In the meantime, Pinocchio lifted himself up from the ground. With one leap, he landed on the donkey's back. Suddenly, the little donkey gave a kick with his two hind feet. At this unexpected move, poor Pinocchio found himself once again sprawling* right in the middle of the road.

Again the boys laughed, but the Little Man approached the donkey with a smile. With a loving kiss, he bit off half of his left ear.

"You can mount now, my boy," he said to Pinocchio. "Don't worry. That donkey was worried about something, but now I have spoken to him, and he is calm."

Pinocchio mounted, and the wagon began to move. After a few minutes, he thought he heard someone whisper in his ear.

"Silly* boy!" said the voice. "You are going to be sorry before very long."

Pinocchio, frightened, looked around to see who was whispering to him, but he saw no one. The donkeys galloped,* the wagon rolled on, the boys slept, and the Little Man sang sleepily.*

After a mile or so, Pinocchio heard the same faint voice once again.

"Remember, little fool! Boys who stop studying and give all their time to nonsense and pleasure always face grief later in life. A day will come when you will cry bitterly, just as I am crying now! But then it will be too late!"

At these whispered words, Pinocchio grew more and more frightened. Then, to his great surprise, he noticed that the donkey he was riding was crying—crying

---

sprawl 팔다리를 아무렇게나 벌리고 눕다, 대자로 눕다   silly 어리석은, 바보 같은
gallop 질주하다   sleepily 졸리는 듯이

just like a boy!

"Hey, Mr. Driver!" cried Pinocchio. "This donkey is crying!"

"Let him cry. Don't worry about a strange donkey that can cry."

Toward dawn the next morning, they finally reached Toyland.

This great country was completely different from any other place in the world. Its population,* large though it was, was composed entirely of boys. The oldest were about fourteen years of age, while the youngest were eight. The streets were filled with a deafening* racket.* Everywhere groups of boys were playing together. Some played marbles,* while others played hopscotch.* Some rode bicycles, while others rode wooden horses. Some groups played circus,* while others sang and recited.*

Generals* in full uniform passed

by, leading regiments* of cardboard* soldiers. Laughter, shrieks, howls and claps followed this parade.* One boy made a noise like a hen, another like a rooster,* and a third imitated* a roaring* lion. All together, they created such a pandemonium* that everyone had to shout at each other to be heard.

The many squares* were filled with small wooden theaters, overflowing* with boys from morning till night. The following words were written on the walls of the houses in charcoal*: HURRAH* FOR TOYLAND! DOWN WITH ARITHMETIC! NO MORE SCHOOL!

As soon as they set foot in that country,

---

population 주민, 시민 **deafening** 귀가 멀 것 같은 **racket** 시끄러운 소음
play marbles 구슬치기를 하다 **hopscotch** 사방치기(놀이) **play circus** 재주넘기를 하다 **recite** 읊다, 암송하다 **general** 장군 **regiment** 연대
cardboard 판지, 마분지 **parade** 행렬, 퍼레이드 **rooster** 수탉 **imitate** 모방하다, 흉내 내다 **roaring** 포효하는, 으르렁거리는 **pandemonium** 대혼란, 아수라장 **square** 광장 **overflow** 넘치다, 넘쳐흐르다 **charcoal** 숯, 목탄
hurrah 만세

Pinocchio, Lampwick, and all the other boys who had traveled with them started out on a tour. They wandered everywhere and looked into every nook* and corner, house and theater. They soon became everybody's friend.

With all the entertainments* and parties, the hours, the days, the weeks passed like lightning.

"Oh, what a beautiful life this is!" Pinocchio said each time that he met his friend Lampwick by chance.

"Wasn't I right?" Lampwick used to say. "And to think you did not want to come with me! To think that even yesterday you were thinking of returning home to see your Fairy and to start studying again! You are free from pencils and books and school today, all thanks to me! Don't you agree?"

"You're right, Lampwick!" said Pinocchio, fondly* embracing his friend. "I am so happy, and it is all because of you."

Five months passed, and the boys continued playing from morning till night every day. They never even saw a book, or a desk, or a school. But then came a morning when Pinocchio woke up to find a great surprise waiting for him.

nook 구석 **entertainment** 오락 **fondly** 다정하게

Chapter 32

Pinocchio turns into a real donkey

램프 심지와 피노키오는 고열에 시달리다가
점점 당나귀로 변해 간다.
마침내 완전한 당나귀로 변한 그들이 혼란스러워할 때
장난감 나라로 그들을 데려온 마부가 나타난다.

Pinocchio woke to find that, during the night, his ears had grown at least ten full inches! He went to a mirror and looked at himself, and saw that he had grown a pair of donkey's ears.

Pinocchio began to cry, to scream, and to knock his head against the wall. The

Pinocchio turns into a real donkey 193

more he shrieked, however, the longer and hairier his ears grew.

At the piercing shrieks, a Dormouse* came into the room. She was a fat little Dormouse who lived upstairs.

"What is the matter, dear little neighbor?" she asked.

"I am sick, my little Dormouse. Do you know how to feel a pulse?"

"A little."

"Feel mine then, and tell me if I have a fever."

The Dormouse took Pinocchio's wrist between her paws.

"My friend, I am sorry," she said sorrowfully after a few minutes. "I have some very sad news for you."

"What is it?"

"You have a very bad fever."

---

dormouse 겨울잠쥐

"What kind of fever?"

"You have the donkey fever."

"What is that?"

"Within two or three hours, you will no longer be a Marionette."

"Then what will I be?"

"Within two or three hours, you will turn into a real donkey, just like the ones that pull the fruit carts to market."

"Oh, what have I done?" cried the poor Marionette. He grabbed his two long ears in his hands and pulled and tugged* at them angrily.

"My dear boy, why are you worrying now?" said the Dormouse. "What is done cannot be undone. Fate* has ordered that all lazy boys be turned into donkeys."

"Really?" asked Pinocchio, sobbing bitterly.

"I am sorry but tears are useless* now. You should have thought of all this before you spent your days idly* playing with your friends."

"But it's not my fault! Believe me, little Dormouse, it's all Lampwick's fault."

"And who is Lampwick?"

"He is a friend of mine. I wanted to go back home. I wanted to be obedient. I wanted to study and to succeed in school. But then Lampwick said to me, 'Why do you want to waste your time studying? Why do you want to go back to school? Come with me to Toyland. There we'll never have to study again. There we can enjoy ourselves and be happy all day every day.'"

"And why did you take the advice of that false friend?"

"Because, my dear little Dormouse, I am a careless* Marionette. I am careless

---

tug 쥐어뜯다, 세게 잡아당기다   **fate** 운명, 숙명   **useless** 소용없는   **idly** 빈둥거리며   **careless** 경솔한, 부주의한

and heartless.* Oh! If only I had a heart, I would never have abandoned that good Fairy. She loved me so much and has always been so kind to me! If I had stayed, I would have become a real boy by now! Oh, if I see Lampwick, I am going to let him know how angry I am with him!"

After this long speech, Pinocchio took a large cotton* bag from a shelf* and put it on his head to hide his shameful* donkey ears.

He went out and looked for Lampwick everywhere. He looked along the streets, in the squares, inside the theaters, but Lampwick was nowhere to be found. Tired and desperate, he returned home and knocked on the door.

"Who is it?" said Lampwick from within.

"It's me!" answered Pinocchio.

"Wait a minute."

After a few minutes, the door opened. There in the room stood Lampwick, with a large cotton bag on his head!

At the sight of the bag, Pinocchio felt slightly better.

"He must be suffering from the same sickness that I have!" he thought to himself. Pinocchio pretended he had seen nothing and smiled.

"How are you, my dear friend?" asked Pinocchio cheerfully.

"Very well."

"Then why are you wearing that cotton bag over your ears?"

"The doctor has ordered me to wear it because one of my knees hurts. And you, dear Pinocchio, why are you wearing that cotton bag over your ears?"

"The doctor has ordered me to wear it

---

heartless 무정한 **cotton** 무명, 솜 **shelf** 선반, 시렁 **shameful** 부끄러운, 창피스러운

because I have bruised* my foot."

"Oh, my poor Pinocchio!"

"Oh, my poor Lampwick!"

An awkwardly* long silence* followed these words. The two boys looked at each other in a mocking* way.

"Tell me, Lampwick," Pinocchio broke the silence at last, "have you ever suffered from an earache*?"

"Never! You?"

"Never! But my ears have been torturing* me since this morning."

"So have mine."

"Yours, too? I wonder if it could be the same sickness."

"I'm afraid it might be."

"Will you do me a favor, Lampwick?"

"Gladly!"

"Will you let me see your ears?"

"Why not? But before I show you mine, you must show me yours first, dear

Pinocchio."

"No. You must show me your ears first."

"No, my dear friend! Yours first, then mine."

"Well, then, let us both take off our caps together at the same time," said the Marionette. "All right?"

"All right."

Pinocchio began to count, "One! Two! Three!"

At the word "Three!" the two boys pulled off their caps.

Now, instead of panicking* or crying, Pinocchio and Lampwick, upon seeing each other both stricken by the same misfortune,* began to poke fun at each other. After much nonsense, they ended by bursting out into heavy laughter.*

---

bruise 멍이 들다   awkwardly 어색하게, 서투르게   silence 침묵, 무언
mocking 조롱하는   earache 귀앓이   torture 괴롭히다   panic ~에 공포를
일으키다   misfortune 불운   burst out into heavy laughter 갑자기
자조적인 웃음을 터트리다

Then all of a sudden,* Lampwick stopped laughing. He tottered* and almost fell to the ground. Pale as a ghost, he turned to Pinocchio.

"Help, help, Pinocchio!" he cried.

"What is the matter?" said Pinocchio nervously.*

"Oh, help me! I cannot stand up straight.*"

"Neither can I!" cried Pinocchio. His laughter soon turned to tears as he stumbled about* helplessly.*

They had hardly finished speaking when both of them fell on all fours and began crawling around the room. As they ran, their arms turned into legs, their faces lengthened* into snouts* and their entire bodies became covered with long, gray hairs. Then, finally, both creatures felt their tails appear. Overcome with* shame and grief, they tried to cry, but they burst into loud donkey brays* which sounded like, "Haw! Haw! Haw!"

At that moment, three loud knocks were heard at the door.

"Open the door!" a voice said at the door. "I am the Little Man, the driver of the wagon which brought you here. Open the door right now!"

all of a sudden 갑자기   totter 비틀거리다   nervously 초조하게, 신경질적으로   straight 똑바로   stumble about 비틀거리며 이리저리 걷다   helplessly 무력하게   lengthen 길어지다, 늘어나다   snout 코, 주둥이   (be) overcome with ~에게 사로잡히다   bray (당나귀의) 히히힝 소리

Chapter 33

Pinocchio is sold to a circus

진짜 당나귀가 된 피노키오는
서커스단에 팔려가 춤추고 재주 부리는 기술을 익히게 된다.
하지만 공연 중 실수로 넘어져 절름발이가 된 피노키오는
당나귀 가죽이 필요한 남자에게 헐값으로 팔린다.

The Little Man waited for a few minutes for the poor creatures to open the door. Finally losing all his patience, he kicked the door in with a mighty* kick. With his usual sweet smile on his lips, he looked at Pinocchio and Lampwick.

"Fine work, boys!" he said in his usual

loving tone. "You brayed well, so well that I recognized your voices immediately. Now here I am."

The two Donkeys bowed their heads in shame, dropped their ears, and put their tails between their legs.

At first, the Little Man caressed them and smoothed down* their hairy coats.* Then he took out a currycomb* and worked over them until they shone like glass. Satisfied with the looks of the two Donkeys, he bridled* them and took them to a market far away from Toyland in the hope of selling them at a good price.

He did not have to wait very long for a good offer. Lampwick was quickly bought by a farmer, whose donkey had died the day before. Pinocchio was sold to the owner of a circus who wanted to teach him

---

mighty 강력한, 힘센 **smooth down** 매만지다 **coat** (동물의) 털가죽
currycomb 말빗 **bridle** 굴레를 씌우다; 굴레

to do tricks.*

So it turned out* that the Little Man, whose face always shone with kindness, was in fact a horrible,* little being. He went around the world looking for lazy boys, and lured* them into coming with him to Toyland. And when, after months of all play and no work, the boys became little donkeys, he sold them. There were so many lazy, foolish boys in the world, and so he had become a millionaire* in just a few years.

No one knows what happened to Lampwick. Pinocchio, on the other hand,* was met with great hardships* from the very first day of being a Donkey.

After putting him in a stable,* Pinocchio's new master filled his manger* with straw.* After tasting* a mouthful,* Pinocchio spat it out.

Then the man filled the manger with

hay.* Pinocchio did not like that any better.

"Ah, you're not going to eat the hay either?" the man cried angrily. "Wait, my pretty Donkey, I'll teach you not to be so particular.*"

He took a whip and gave the Donkey a blow across the legs. Pinocchio screamed with pain.*

"Haw! Haw! Haw!" Pinocchio brayed. "I can't digest* straw!"

"Then eat the hay!" said his master, who understood the Donkey perfectly.

"Haw! Haw! Haw! Hay gives me a headache*!"

"Do you expect me to feed you duck or chicken?" said the man. Now angrier

---

trick 재주, 묘기 turn out 결국 ~임이 드러나다 horrible 끔찍한, 무시무시한
lure 유혹하다, 꾀내다 millionaire 백만장자, 큰 부자 on the other hand
반면에, 한편 hardship 곤란, 곤경 stable 마구간 manger 여물통,
구유 straw 짚, 밀짚 taste 맛보다 mouthful 한 입 가득 hay 건초, 꼴
particular 특별한 pain 아픔, 고통 digest 소화하다 headache 두통

than ever, he gave poor Pinocchio another lashing.*

At that second beating, Pinocchio became silent and said no more.

The door of the stable was closed, and Pinocchio was left all by himself. He had not eaten all day, and his hunger was getting the better of* him. Finally, with nothing else to eat in the manger, he tasted the hay. After tasting it, he chewed* it well, closed his eyes, and swallowed it.

"It's not too bad," he said to himself. "But how much happier I would have been had I studied! Then instead of hay, I would be eating some good bread and butter right now!"

The next morning, Pinocchio's master came bursting through the door.

"You, my little Donkey, are to help me earn some fine gold pieces! Come with me, now. I am going to teach you to jump and bow, to dance a waltz,* and to stand on your head."

Poor Pinocchio had to learn all these wonderful tricks. It took him three long months and cost him many, many lashings before he was ready to stand in front of an audience.

The day came at last when Pinocchio's master put him in front of a large audience. The circus theater swarmed* with boys and girls of all ages and sizes, wriggling and dancing about impatiently to see the main attraction* of the evening: the famous dancing Donkey.

After the first performances were over, the Owner and Manager of the circus, in a black coat, presented himself to the public.

"Ladies and Gentlemen!" he said.

---

lashing 매질, 채찍질   get the better of ~을 이기다   chew 씹다   dance a waltz 왈츠를 추다   swarm 떼를 지어 다니다   attraction 인기거리

"Your humble servant,* the Manager of this theater, presents himself before you tonight in order to introduce* to you the greatest, the most famous Donkey in the world!"

This speech was greeted* with much laughter and applause.* The applause grew to a roar* when Pinocchio appeared in the circus ring. He was handsomely* dressed. A new bridle of shining leather with buckles* of polished* brass* was on his back. Two white camellias* were tied to his ears, and ribbons and tassels* of red silk adorned* his mane.*

The Manager bowed and then turned to Pinocchio.

"Get Ready, Pinocchio!" he said. "Before starting your performance, salute* your audience!"

Pinocchio obediently* bent his two knees to the ground. As he did so, he saw a beautiful woman sitting in a box in front of him. Around her neck she wore a gold medallion* on a long gold chain. A picture of a Marionette was painted on the medallion.

"That picture is of me! That beautiful lady is my little Fairy!" said Pinocchio to himself, recognizing the woman.

"Oh, my Fairy! My own Fairy!" he tried his best to say.

But instead of words, a loud braying was heard in the theater. The braying was so loud and so long that everyone in the theater burst out laughing.

Then, the Manager hit him on the nose with the handle of the whip. The poor little Donkey stuck out his long tongue and

---

humble servant 소생   **introduce** 소개하다   **greet** 환영하다, 맞이하다
applause 박수 (갈채)   **roar** 외치는 소리, 큰 웃음소리   **handsomely**
훌륭하게, 당당히   **buckle** 버클, 죔쇠   **polished** 광택 있는   **brass** 놋쇠, 황동
camellia 동백나무   **tassel** (장식) 술   **adorn** 꾸미다, 장식하다   **mane** 갈기
salute 경례하다, 인사하다   **obediently** 고분고분하게, 공손하게   **medallion**
(목걸이에 다는) 큰 메달 모양의 보석

licked his nose in an effort to take away the pain.

Pinocchio looked up toward the boxes again. To his dismay,* he saw that the Fairy had disappeared!

The Manager cracked* his whip again.

"Bravo, Pinocchio!" he said. "Now show us how gracefully you can jump through the rings."

Pinocchio, sobbing at the disappearance of his Fairy, tried to leap through the first ring. But as he did so, his hind legs caught in the ring, and he fell to the floor in a heap.

When he got up, he was lame* and could hardly walk. He was carried off to the stables, and no one saw Pinocchio again that evening.

The next morning, the veterinarian* declared* that Pinocchio would be lame for the rest of his life.

"I can't use a lame donkey," said the Manager to the stable boy. "Take him to the market and sell him."

A buyer was soon found.

"How much do you want for that little lame Donkey?" a man asked.

"Four dollars."

"I'll give you four cents. I'm not buying him for work. I only want his skin. It looks very tough, and I can use it to make myself a drum. I'm a member of the musical band in my village, and I need a new drum."

The buyer paid the four cents and took the Donkey from the stable boy. Pinocchio's new owner took him to a high cliff* overlooking* the sea, put a stone around his neck, tied a rope to one of his hind feet, and pushed him into the water.

---

to one's dismay 낙담스럽게도, 놀랍게도　crack 철썩 소리가 나게 하다
lame 절뚝거리는, 불구의　veterinarian 수의사　declare 선언하다　cliff 절벽　overlook 내려다보다

Pinocchio's new master sat on the cliff waiting for him to drown.

Chapter 34

Pinocchio is swallowed by the Terrible Shark

바닷속에 빠진 피노키오는 요정의 도움으로
꼭두각시의 모습을 되찾지만 무시무시한 상어에게 잡아먹힌다.
피노키오는 상어 뱃속에서 다랑어를 만나 이야기하다가
멀리서 반짝이는 불빛을 발견한다.

After waiting for fifty minutes, the man on the cliff pulled the rope which he had tied to Pinocchio's leg. But at the end of the rope, instead of a dead donkey, he saw a live Marionette, wriggling and squirming like an eel.

"What happened to the Donkey I threw

into the sea?" asked the man, unable to conceal* his surprise.

"I am that Donkey," answered Pinocchio, laughing.

"What do you mean?"

"Well, my Master, untie* my leg, and I can tell you the whole story."

The old fellow, curious to find out what was going on, immediately untied the rope which held his foot. Pinocchio, feeling free as a bird in the air, told the man everything that had happened up until the point he was thrown into the sea with a stone tied around his neck.

"So what happened next?" asked the man.

"Then my Fairy mother saw me in danger of drowning. She sent a thousand fishes to the spot where I lay. They thought I was a dead donkey and began to eat me. They took great, big bites! One ate my ears, another my nose, a third ate my neck and my mane. Some went at my legs and some at my back, and the smallest one nibbled* at my tail."

"From now on, I will never eat fish again," said the man, horrified.*

"When the fish were done with my donkey coat, they turned around and left. Here, dear Master, you have my story. And now, goodbye!" With that, Pinocchio jumped off the cliff and down into the sea.

After swimming for a long time, Pinocchio saw a large rock in the middle of the sea. High on the rock stood a little Goat. There was something very strange about that little Goat. Her coat was not white or black or brown as that of any other goat, but turquoise, a deep brilliant color that reminded one of the hair of the

---

conceal 숨기다, 감추다   untie 풀다, 그르다   nibble 야금야금 물어뜯다, 갉아먹다   horrified 오싹한

lovely maiden.*

Pinocchio's heart beat fast. He swam as hard as he could toward the white rock. He was almost halfway* there, when suddenly a horrible sea monster stuck its head out of the water. This was the very shark that has already been referred* to as the Terrible Shark in this story many times. On account of* its cruelty,* it had been nicknamed* "The Attila* of the Sea" by both fish and fishermen.

Poor Pinocchio! The monster rushed* at him at full speed, and he found himself in between the rows of gleaming* white teeth. He was quickly swallowed by the Terrible Shark, and he fell down into its stomach. There he lay stunned for half an hour.

When he recovered his senses,* Pinocchio could not remember where he was. It was completely dark, and he felt a wind blow on his face. He soon realized that the wind came from the lungs* of the monster. The Terrible Shark was suffering from asthma,* so whenever he breathed it sounded like a storm inside his body.

Pinocchio sat by himself for an hour or so, crying and regretting all he had done.

"Who is there to help you, unhappy boy?" suddenly said a rough voice, like a guitar out of tune.*

"Who's there?" asked Pinocchio, frozen with terror.

"I am, a poor Tunny Fish* swallowed by the Shark at the same time as you. And what kind of a fish are you?"

"I'm not a fish. My name is Pinocchio, and I am a Marionette."

---

maiden 아가씨 halfway 중도에, 가운데쯤에 refer 언급하다 on account of ~의 이유로, ~ 때문에 cruelty 무자비, 잔인성 nickname ~에게 별명을 붙이다, 약칭으로 부르다 Attila 아틸라(5세기 전반에 유럽에 침입한 훈노족의 왕) rush 돌진하다 gleaming 반짝반짝 빛나는 recover one's sense(s) 의식을 되찾다 lung 폐, 허파 asthma 천식 out of tune 음조가 맞지 않는 tunny fish 다랑어

"If you are not a fish, why did you let this monster swallow you?"

"I didn't let him. He came out of nowhere and swallowed me without even a warning. And now what are we to do here in the dark?"

"Wait until the Shark digests us both, I suppose.*"

"But I don't want to be digested," cried Pinocchio, starting to sob again.

"Neither do I," said the Tunny fish. "But I am wise enough to know that if one is born a fish, it is more dignified* to die under the water than in the frying pan."

"That's nonsense!" cried Pinocchio.

"Mine is an opinion," replied the Tunny Fish. "All opinions should be respected."

"But I want to get out of here. I want to escape."

"Go, if you can!"

"Is the Terrible Shark very long?" asked

the Marionette.

"His body, not counting the tail, is almost a mile long."

While talking in the darkness, Pinocchio noticed a faint light in the distance.

"What can that be?" he said to the Tunny Fish.

"Probably some other poor fish, waiting as patiently as me to be digested by the Terrible Shark."

"I want to go and see him. He may be an old fish and may know how to get out of here."

"I wish you good luck, little Marionette."

"Goodbye, Tunny Fish."

"Goodbye, Marionette, and good luck."

"Will I ever see you again?"

"Who knows? You never know."

---

suppose 가정하다, 상상하다   dignified 위엄 있는, 기품 있는

Chapter 35

Pinocchio is reunited with Geppetto

불빛을 따라간 피노키오는
놀랍게도 제페토 영감을 만나게 된다.
피노키오는 아버지와 함께 상어 뱃속을 탈출하는 데 성공하고
다랑어의 도움으로 무사히 육지에 도착한다.

Pinocchio tottered* away in the darkness and began to walk as well as he could toward the faint light which glowed in the distance.

As he walked, his feet splashed in a pool of greasy* and slippery* water. The farther on he went, the brighter the tiny light grew. On and on he walked until finally he found, to his great surprise, a little table set for dinner! A candle* was burning in a glass bottle. Near the table sat a little old man, white as the snow, eating live fish. They wriggled and, now and again, one of them slipped out of the old man's mouth and escaped into the darkness under the table.

At this sight, the poor Marionette was filled with such great and sudden happiness that he almost fainted. He wanted to laugh, he wanted to cry, he wanted to say a thousand things, but all he could do was to stand still. He stuttered and stammered brokenly.* At last, with a great effort,* he was able to let out* a scream of joy.

---

totter 비틀거리다   **greasy** 기름기 있는   **slippery** 미끄러운   **candle** 양초
brokenly 유창하지 못하게, 더듬거리며   **with a great effort** 대단한 노력을 하여   **let out** (소리를) 내다

"Oh, Father, dear Father!" he said, throwing his arms around the old man's neck. "I've found you at last! I will never, ever, leave you again!"

"Am I seeing a ghost?" answered the old man, rubbing his eyes. "Are you really my little Pinocchio?"

"Yes, yes, yes! It is me! Look at me! You have forgiven me, haven't you? Oh, my dear Father, how good you are! Oh, if you only knew how many misfortunes have fallen on my head and how many troubles I have had! I saw you sailing into the sea in your little boat, and I tried to swim to you! But you disappeared!"

"I saw you as well," said Geppetto. "I wanted to go to you, but I couldn't. The sea was rough, and the waves overturned* the boat. Then this Terrible Shark came up out of the sea and swallowed me."

"How long have you been shut away in

here?"

"From that very day till now, two long years."

"How did you survive*? Where did you find the candle and the matches* with which to light it?"

"The Terrible Shark swallowed a large ship the day after he swallowed me. I found all these things inside the ship."

"What! He swallowed a whole ship?" asked Pinocchio in astonishment.*

"In one big gulp. The only thing he spat out was the main mast.* Fortunately for me, that ship was loaded with meat, preserved foods,* crackers,* bread, bottles of wine, raisins,* cheese, coffee, sugar, wax candles,* and boxes of matches. That is how I have survived for two whole

---

overturn 뒤집다, 전복시키다　survive 살아남다　match 성냥　in astonishment 깜짝 놀라서　mast 돛대　preserved food 보존 식품　cracker 크래커　raisin 건포도　wax candle 밀초

years down here, but now I am running very low* on provisions.* Today there is nothing left in the cupboard, and this candle you see here is the last one I have."

"And then?"

"And then, my boy, we'll find ourselves in complete darkness."

"Then, my dear Father, we must escape right now," said Pinocchio.

"Escape! How?"

"We can run out of the Shark's mouth and dive into the sea."

"But I cannot swim, my dear Pinocchio."

"I am a good swimmer. You can climb on my shoulders, and I will carry you safely to the shore. Just follow me!"

They walked a long distance through the stomach and the whole body of the Shark. By the time they reached the throat of the monster, the candle had gone out.*

The father and son waited in darkness for the right moment in which to make their escape.

Now, the Terrible Shark, who was suffering from asthma, had to sleep with his mouth open. Through the open mouth, Pinocchio caught a glimpse of* the starry* sky. He took his father by the hand. They climbed up the monster's throat on tiptoes.* They then crossed the whole tongue and jumped over three rows of gigantic* teeth.

"Climb on my back, Father," whispered* Pinocchio. "Hold on tightly to my neck. I'll take care of the rest."

As soon as Geppetto was safely seated on his shoulders, Pinocchio dived into the water and started to swim. Meanwhile,

---

run low 고갈되다, 결핍되다   provisions 식량, 양식   go out (불이) 꺼지다
catch a glimpse of ~을 언뜻 보다   starry 별이 총총한   on tiptoe(s)
발끝으로, 발소리를 죽이고   gigantic 거대한   whisper 속삭이다

the Terrible Shark continued to sleep so soundly* that not even a cannon shot* would have awakened* him.

Chapter 36

Pinocchio finally becomes a real boy

농장에서 일을 하게 된 피노키오는
아버지를 돌보며 틈틈이 열심히 공부를 한다.
피노키오는 착실한 생활과 잇따른 선행으로
마침내 진짜 사람이 된다.

"My dear Father, we are saved!" cried Pinocchio. "All we have to do now is to swim to the shore, and that is easy."

Without another word, the Marionette swam swiftly away in an effort to reach

---

sleep soundly 푹 자다   cannon shot 포탄, 발포   awaken 깨우다

land as soon as possible. Then he noticed that Geppetto was shivering and shaking as if with a high fever.

"Hold on,* Father! In a few moments, we will be safe on land."

"But where is the shore?" asked the little old man, growing more and more worried. "I see nothing but* the sea and the sky."

"I can see the shore," said the Marionette. "Remember, Father, that I am like a cat. I see better at night than by day."

Poor Pinocchio pretended to be calm, but he was far from it. He was beginning to feel discouraged,* his strength was leaving him, and he began to breathe more and more heavily. He felt he could not go on much longer, and the shore was nowhere to be seen.

He swam a few more strokes,* then at last he stopped.

"Help me, Father!" he said. "Help me,

I'm dying!"

The father and son were about to drown when they heard a voice like a guitar out of tune.

"What is the trouble?" said the voice, which seemed to come out of the sea.

"My poor father and I are drowning."

"I know your voice. You are Pinocchio."

"Yes. Who are you?"

"I am the Tunny Fish, your companion in the Shark's stomach."

"How did you escape?"

"I followed your example. You are the one who showed me the way and after you went, I followed."

"Tunny Fish, you arrived at the right moment! Please help us, or we will drown!"

"With great pleasure! Hold onto my tail,

---

hold on 잠깐만 **but** ~을 제외하고 **discouraged** 낙담한, 낙심한 **stroke** 손발을 한 번 놀리기, 수영법

both of you, and I will take you safely to land."

The Tunny fish, who was as large as a two-year-old horse, swiftly took Pinocchio and Geppetto to shore.

"Dear friend, you have saved me and my father," said Pinocchio to the Tunny Fish, helping Geppetto ashore.* "Let me embrace you as a sign of my eternal* gratitude."

The Tunny stuck his nose out of the water, and Pinocchio knelt* on the sand and kissed him lovingly on his cheek. The poor Tunny Fish, who was not used to* such tenderness,* wept like a child. He felt so embarrassed that he turned quickly, plunged into* the sea, and disappeared.

In the meantime, the sun had begun to rise.

Pinocchio offered his arm to Geppetto, who was so weak he could hardly stand.

"Lean on* me, dear Father. We will walk very, very slowly."

"Where are we going?" asked Geppetto.

"To look for a house or a hut, and for some people who will be kind enough to give us a bite of bread and a bit of straw to sleep on."

They had not even taken a hundred steps when they saw two rough-looking individuals* sitting on a stone begging for scraps of* food.

It was the Fox and the Cat, but one could hardly recognize them because they looked so miserable. The Cat, after pretending to be blind for so many years, had actually lost the sight of both eyes. And the Fox, old, thin, and almost hairless, had lost his tail.

---

ashore 뭍으로, 육지로 eternal 영원한 kneel 무릎 꿇다 be used to ~에 익숙하다 tenderness 다정함, 애정 plunge into ~ 속으로 뛰어들다 lean on ~에게 기대다 individual 사람, 개인 a scrap of 한 조각의

"Oh, Pinocchio," the Fox cried in a tearful* voice. "Give us some food, we beg of you! We are old, tired, and sick."

"Sick!" said the Cat.

"Goodbye, false friends!" answered Pinocchio. "You fooled me once, but you will never fool me again."

"Please believe us! Today we are really poor and starving."

"Starving!" said the Cat.

"If you are poor, you deserve it! Goodbye, false friends."

Waving goodbye to them, Pinocchio and Geppetto calmly went on their way. After a few more steps, they came across a tiny cottage built of straw. They went and knocked on the door.

"Who is it?" said a little voice from within.

"A poor father and a poor son, without food and with no roof over their heads," answered Pinocchio.

"Come in. The door's open," said the same little voice.

They walked in and found the Talking Cricket smiling at them from a wall.

"Oh, my dear Cricket!" cried Pinocchio, bowing politely.

"Oh, now you call me your dear Cricket? Do you remember when you threw your hammer at me to kill me?"

"I am sorry, dear Cricket. Throw a hammer at me now. I deserve it! But please spare* my poor old father."

"I am going to spare both of you. I only wanted to remind you of* what you did long ago, so that I can teach you that in this world of ours we must be kind and courteous* to others, if we want to find

---

tearful 울고 있는, 울먹이는 spare 살려주다 remind A of B A에게 B를 생각나게 하다 courteous 예의 바른, 정중한

kindness and courtesy* in our own days of trouble."

"You are right, little Cricket. I will remember the lesson you have taught me. But now will you tell me how you succeeded in buying this pretty little cottage?"

"This cottage was given to me yesterday by a little Goat with turquoise hair."

"And where did the Goat go?" asked Pinocchio.

"I don't know."

"Will she ever come back?"

"No. Yesterday she went away bleating* sadly, and it seemed to me she said: 'Poor Pinocchio, I will never see him again. The Terrible Shark must have eaten him by now.'"

"She really said that? Then it was her! It was my dear little Fairy," cried out Pinocchio, sobbing bitterly. After crying for many minutes, he said, "Tell me, little Cricket, where can I find a glass of milk for my poor Father?"

"Farmer John lives three fields away from here. He has some cows. Go there, and he will give you what you want."

Pinocchio ran all the way* to Farmer John's house.

"How much milk do you want?" said the Farmer.

"I want a full glass."

"A full glass will cost you a penny."

"I have no money," answered Pinocchio, sad and ashamed.

"I'm sorry, my Marionette," answered the Farmer. "If you have no money, I have no milk."

"Too bad," said Pinocchio as he turned around to go.

---

courtesy 예의 **bleat** (염소가) 매애 울다 **all the way** 내내; 온 힘을 다해

"Wait a moment," said Farmer John. "Do you know how to draw water from a well?"

"I can try."

"Then go to that well over there and draw one hundred bucketfuls of* water. After you have finished, I will give you a glass of warm, sweet milk."

"Very well."

Farmer John took Pinocchio to the well and showed him how to draw the water. Pinocchio set to work, but long before he had pulled up the one hundred buckets,* he was tired out and dripping with sweat. He had never worked so hard in his life.

"Until today, my donkey has drawn the water for me," said Farmer John. "But now that poor animal is dying."

"Can I see him?" said Pinocchio.

"Of course."

As soon as Pinocchio went into the

stable, he saw a little Donkey lying on a bed of straw in the corner of the stable.

"I know that Donkey! It's Lampwick!" Pinocchio screamed, bending low over the Donkey.

"You know this donkey?" asked the Farmer.

"He was my friend."

"Your friend?"

"He was my best friend in school."

"What!" shouted Farmer John, bursting out laughing. "You had donkeys in your school?"

Just then, Lampwick drew his last breath* and died. Pinocchio quietly took his glass of milk and returned to his father.

From that day on, for more than five months, Pinocchio went and worked for Farmer John during the day and took care

---

a bucketful of 한 양동이 가득 **bucket** 양동이 **draw one's last breath** 마지막 숨을 내쉬다

of his father during the night. When his father was asleep, the good Marionette studied by lamplight.* With some of the money he had earned, he bought himself a secondhand* book that had a few pages missing, and with that he learned to read in a very short time. He succeeded not only in his studies, but also in his work. Then, finally a day came when he had saved enough money to keep his old father comfortable and happy. Besides this, he was able to save an extra* fifty pennies. He had saved it to buy himself a new suit.*

So one day, Pinocchio left the house to go to the market to buy his new suit. On his way, he suddenly heard his name called. Looking around to see where the voice was coming from, he noticed a large snail crawling out of some bushes.

"Do you recognize me?" said the Snail.

"Yes. You're the Snail that lives with the

Fairy with Turquoise Hair. Tell me, pretty Snail. Where is my Fairy? Has she forgiven me? Does she remember me? Does she still love me? I would like to see her."

"Pinocchio, the Fairy is lying ill in a hospital."

"In a hospital?"

"Yes. She is very, very ill and she has no money."

"Here, I have fifty pennies. Take them. I was going to buy some clothes with them. Here, take them all, little Snail, and give them to my good Fairy."

"What about your new clothes?"

"I don't need new clothes. I would even sell these rags I have on to help her more. Go! Hurry! Come back here in a couple of days, and I will give you more money! Until today I have worked for my father.

---

lamplight 등불 **secondhand** 중고의 **extra** 여분의, 추가의 **suit** 옷 한 벌

Now I will work for my mother."

The Snail disappeared back into the bushes.

That night, as he slept, Pinocchio dreamed of his Fairy. Beautiful, smiling, and happy, she kissed him and said to him, "Bravo, Pinocchio! In reward for* your kindness, I forgive you for all your old mischief. Boys who love and take good care of their parents when they are old and sick deserve praise. Keep on doing well, and you will live happily."

At that very moment, Pinocchio awoke and opened his eyes wide.

To his greatest joy, he saw that he was no longer a Marionette, but that he had become a real live boy! He looked around him and instead of the usual walls of straw, he found himself in a beautifully furnished* little room. He jumped down from his bed to look on the chair nearby.

There, he found a new suit, a new hat, and a new pair of shiny, leather shoes.

As soon as he changed into his new clothes, he put his hands in his pockets and pulled out a little leather purse. The following was written on the purse:

> The Fairy with Turquoise Hair returns
> fifty pennies to her dear Pinocchio
> with many thanks for his kind heart.

Pinocchio opened the purse to find not fifty pennies, but fifty gold coins!

Pinocchio ran to the mirror. He could hardly recognize himself. He saw the bright face of a tall boy looking back at him with blue eyes, dark brown hair and happy, smiling lips.

"And where is Father?" Pinocchio cried suddenly. He ran into the next room,

in reward for ~에 대한 보답으로   **furnished** 가구 딸린

and there stood Geppetto, grown years younger overnight. He was also wearing clean, new clothes and looked as happy as Pinocchio. He was once more Master Geppetto, the woodcarver, hard at work on a lovely picture frame.

"Father, what has happened?" cried Pinocchio, as he ran and jumped on his Father's neck.

"When bad boys become good and kind, they have the power of making their homes new with happiness."

"And now I will forever be happy, for I have become a real boy!"

전문 번역

딸기코 영감, 아이처럼 울고 웃는 나무토막을 발견하다

p.14 수백 년 전, 나무토막이 하나 있었다. 그것은 그냥 평범한 땔나무 한 토막이었다. 어느 날씨 좋은 날, 이 나무토막은 어느 늙은 목수의 가게에 있는 자신을 발견했다. 그 노인의 진짜 이름은 안토니오 영감이었지만, 모두 그를 딸기코 영감이라고 불렀다. 노인의 코끝이 아주 둥글고 반짝거려서 잘 익은 딸기처럼 보였기 때문이었다.

p.15 그 나무토막을 보았을 때 딸기코 영감은 기쁜 마음으로 벅차올랐다.

"마침 딱 알맞은 때에 이것이 들어왔구나." 딸기코 영감이 혼자 중얼거렸다. "탁자 다리를 만드는 데 써야겠다."

딸기코 영감은 나무껍질을 벗기고 나무의 모양을 잡기 위해서 재빨리 손도끼를 움켜쥐었다. 그러나 딸기코 영감이 막 처음으로 나무를 내려치려고 할 때, 작은 목소리가 들렸다.

"제발 조심하세요!" 그 목소리가 간청하는 말투로 말했다. "저를 너무 세게 치지 마세요!"

놀란 표정이 딸기코 영감의 온 얼굴에 나타났다! 딸기코 영감의 우스꽝스러운 둥근 얼굴은 더욱 우스워졌다.

p.16 딸기코 영감은 그 작은 목소리가 어디에서 나오는지 찾아보려고 방 안을 이리저리 둘러보았다. 아무도 보이지 않았다! 딸기코 영감은 벤치 밑을 들여다보고, 벽장 안을 살짝 들여다본 다음 거리 위아래를 살펴보려고 문을 열었다. 아무도 없었다!

"오, 이런!" 그런 다음 딸기코 영감은 웃으면서 자신의 가발을 긁적거리며 말했다. "내가 환청을 듣고 있는 게 분명한가 보네! 다시 일하러 돌아가자."

딸기코 영감이 나무토막을 쳤다.

"오! 아프잖아요!" 예의 그 작은 목소리가 소리쳤다.

딸기코 영감의 눈이 툭 튀어나왔고 그의 입은 떡 벌어졌다.

"그 목소리가 어디에서 나왔지?" 딸기코 영감이 중얼거렸다. "주변에는 아무도 없는데! 이 나무토막이 아이처럼 울고 소리 지르는 것을 배웠을 리가 있을까? 아니면 누가 그 안에 숨어 있나? 만약 그렇다면 내가 바로잡아주어야겠구나!"

이 말과 함께 딸기코 영감은 양손으로 나무토막을 붙잡고 그것을 무자비하게 이리저리 치기 시작했다. p.17 딸기코 영감은 신음하고 소리치는 작은 목소리에 귀를 기울였다.

"그만하세요!" 목소리가 말했다. 그것은 분명히 나무토막에서 나오고 있었다. "그만하세요! 저를 아프게 하고 계시잖아요!"

딸기코 영감은 바닥에 넘어졌으며, 두려움은 심지어 그의 코끝까지 빨간색에서 진한 자주색으로 바꾸어 놓았다.

딸기코 영감, 나무토막을 자기 친구 제페토 영감에게 주다

p.18 바로 그 순간, 문을 두드리는 커다란 소리가 들렸다. 그것은 딸기코 영감의 오랜 친구인 제페토 영감이었다. 이웃 아이들은 제페토 영감이 언제나 쓰고 있는 가발 때문에 그를 폴렌디나(옥수수 수프)라고 불렀는데, 그 가발이 정확히 노란색 옥수수의 색깔과 같았기 때문이었다. 제페토 영감은 아이들을 싫어하는 것으로 알려져 있었고, 그들이 그를 폴렌디나라고 불렀을 때에는 더욱 그랬다.

p.19 "안녕, 안토니오." 제페토가 말했다.

"웬일로 여기 왔나, 친구?" 딸기코 영감이 대답했다.

"부탁 좀 하려고 자네에게 온 것일세."

"나 여기 있잖은가. 무엇이든 말해 보게." 딸기코 영감이 대답했다.

"나는 근사한 꼭두각시 나무 인형을 만들기로 결심했네. 그것은 근사할 것임에 틀림없네. 춤을 추고, 칼싸움을 하고, 재주넘기를 할 수 있게 될 인형이거든. 나는 그 꼭두각시를 가지고 세상을 여행하고, 먹고 살 돈을 벌고 싶어."

"아주 좋은 생각이야, 제페토." 딸기코 영감이 말했다. "그래서 내가 자네에게 해 주어야 하는 것이 뭔데?"

p.20 "꼭두각시를 만들 나무토막이 하나 필요하네. 나에게 하나 줄 수 있겠나?"

딸기코 영감은 정말로 아주 기뻐하며 자신을 그토록 많이 놀라게 했던 나무토막을 가지러 즉시 자신의 벤치로 갔다.

"이것을 가져가거나, 제페토." 그 나무토막을 건네며 딸기코 영감이 말했다.

제페토 영감은 그 근사한 나무토막을 받고, 딸기코 영감에게 고맙다고 한 뒤 집을 향해 걸어갔다.

제페토 영감, 꼭두각시를 만들고 피노키오라고 부르다

p.21 제페토 영감의 집은 깔끔하고 안락했다. 그것은 단칸방이 있는 일층집이었고 계단 밑에는 작은 창문이 하나 있었다. 가구는 아주 단출했는데, 아주 낡은 의자 하나, 심하게 삐걱거리는 침대 하나, 그리고 금방이라도 넘어질 듯한 탁자뿐이었다. **p.22** 문 맞은편에 있는 벽에는 타고 있는 통나무가 가득한 벽난로가 하나 있었다.

집에 도착하자마자 제페토 영감은 나무를 깎아 꼭두각시 모양으로 만들기 시작했다.

"이 녀석을 피노키오라고 부를까 봐." 제페토 영감이 혼자 중얼거렸다. "이 이름이 녀석을 부자로 만들어 줄 거야. 나는 한때 피노키 가족을 전부 다 알았지. 그들은 모두 부자였어."

꼭두삭시의 이름을 고른 후, 제페토 영감은 머리카락, 이마, 눈을 만들기 위해서 일에 착수했다. 제페토 영감은 이 눈들이 움직이더니 자신을 뚫어지게 빤히 쳐다보는 것을 알아챘을 때 놀라고 말았다. 제페토 영감은 모욕받은 기분이었다.

"못생긴 나무 눈아, 왜 나를 노려보고 있는 거니?" 제페토 영감이 근엄한 말투로 말했다.

대답은 없었다.

눈 다음에, 제페토 영감은 코를 만들었다. **p.23** 그 일을 끝내자마자 코가 길어지기 시작했다. 코는 길어지다 길어지다 거의 방의 가로 길이만큼이나 되었다.

다음으로 제페토 영감은 입을 만들었다. 그 일을 끝내자마자 입은 웃음을 짓고 제페토 영감을 놀리기 시작했다.

"그만 웃어!" 제페토 영감이 화를 내며 말했다.

꼭두각시는 웃는 것은 그쳤지만, 긴 혀를 쑥 내밀었다.

제페토 영감은 자신의 일을 계속했다. 입 다음에 제페토 영감은 턱을, 그 다음에는 목, 어깨, 배, 팔, 그리고 마지막으로 손을 만들었다.

손가락 끝에 마무리 손질을 막 끝내려고 할 때, 제페토 영감은 자신의 가발이 훌러덩 벗겨지는 것을 느꼈다. p.24 제페토 영감은 위를 흘긋 올려다보고 자신의 노란 가발이 꼭두각시의 손에 있는 것을 보았다.

"피노키오, 내 가발을 돌려줘!" 제페토 영감이 화를 내며 말했다.

가발을 다시 제자리에 돌려놓은 후, 제페토 영감은 다시 일을 했다. 피노키오의 다리와 발이 완성되었을 때, 제페토 영감은 자기 코끝에 날아온 예리한 발길질을 느꼈다.

"나는 그런 일을 당해도 싸!" 제페토 영감이 혼자 중얼거렸다. "그 아이를 만들기 전에 이런 일에 대해서 생각해 봤어야 했어. 이제 너무 늦었어!"

제페토 영감은 꼭두각시에게 걷는 것을 가르치려고 나무 인형을 바닥에 내려놓았다. 처음에 피노키오의 다리는 아주 뻣뻣해서 피노키오는 다리를 움직일 수가 없었다. 제페토 영감은 피노키오의 손을 잡고 어떻게 발을 한 걸음 한 걸음 앞으로 내딛는지 보여 주었다. 머지않아 피노키오는 혼자서 걷고 있었으며 온 방 안을 이리저리 뛰어다녔다. 피노키오는 열려 있는 문으로 가서 한 번 껑충 뛰어오르더니 거리로 나갔다. 피노키오는 전속력으로 날려갔다!

p.25 가엾은 제페토 영감은 피노키오를 뒤쫓았으나 그는 너무 늙고 너무 느렸다. 한편 피노키오는 폴짝폴짝 뛰며 달렸다. 피노키오의 두 개의 나무 발은 거리의 돌을 때리며 커다란 소음을 냈.

"저 아이를 잡아요! 저 아이를 잡아요!" 제페토 영감은 목청이 터지도록 큰 소리로 외쳤다. 그러나 나무 꼭두각시가 바람처럼 달리는 것을 보고 있는 거리에 있던 사람들은 그냥 쳐다보고 웃기만 했다.

마침내 순전히 우연하게 한 경관이 그 소음을 들었다. 경관은 거리 한가운데로 나가 다리를 쩍 벌리고 용감하게 서 있었다. 경관은 피노키오를 멈춰 세워서 어떠한 말썽도 막겠다고 굳게 결심했다.

피노키오는 멀리서 그 경관을 보았고 그 덩치 큰 사람의 다리 사이로 빠져나가려고 최선을 다했다. p.26 피노키오는 실패했다.

경관은 피노키오의 코를 잡았다. (피노키오의 코는 몹시 긴 코였고 마치 바로 그런 일에 적합하게 만들어진 것 같았다.) 경관은 그 말썽꾸러기 꼭두각시를 제페토 영감에게 돌려주었다.

늙고 몸집이 작은 영감은 피노키오의 귀를 잡아당기고 싶었으나, 귀를 만드는 것을 잊어버렸던 터라 할 수가 없었다! 그래서 제페토 영감이 할 수 있는 일은 피노키오의 목덜미를 잡아 집으로 데려가는 것뿐이었다.

"우리는 이제 집으로 갈 거야." 제페토 영감이 화를 내며 말했다. "이제 너는 큰일 났어!"

이 말을 듣자마자 피노키오는 땅바닥에 털썩 주저앉아 한 걸음도 떼기를 거부했다. 머지않아 제페토 영감과 피노키오는 사람들에게 둘러싸였다.

"저 가엾은 꼭두각시를 봐." 군중으로부터 어떤 목소리가 말했다. "당연히 집에 가고 싶지 않지! 제페토 영감은 아이들을 싫어하고, 저 아이를 무자비하게 때려 줄 것이 분명해. p.27 제페토 영감은 잔인한 늙은이야!"

"제페토 영감은 실제로는 착한 사람이야." 다른 사람이 덧붙였다. "하지만 사내아이들에 관한 경우라면 진정한 폭군이지. 만약 우리가 저 가엾은 꼭두각시를 영감의 수중에 내버려 둔다면, 그는 그 아이를 산산조각 낼지도 몰라!"

경관은 피노키오를 풀어 주고 제페토 영감을 감옥으로 끌고 가는 것으로 일을 마무리 지었다. 불쌍한 늙은 영감은 자신을 어떻게 변호해야 할지 몰랐다. 제페토 영감은 손으로 얼굴을 감싸고 아이처럼 통곡했다.

"배은망덕한 녀석!" 흐느끼면서 제페토 영감이 말했다. "녀석을 행실이 바른 꼭두각시로 만들려고 내가 얼마나 열심히 노력했는데."

피노키오와 말하는 귀뚜라미의 이야기

p.28 한편 개구쟁이 피노키오는 들판과 초원을 가로질러 정신 사납게 뛰어가고 있었다. 피노키오는 집을 향해서 지름길로 이 길 저 길을 택하고 있었다. 그의 정신 사나운 도주에서 피노키오는 마치 사냥개들에 의해 쫓기는 염소나 산토끼처럼 가시나무들과 떨기나무들을 뛰어넘었다.

p.29 집에 도착했을 때, 피노키오는 집의 문이 반쯤 열려 있는 것을 발견했다. 피노키오는 방 안으로 들어가서 문을 잠그고 마룻바닥에 털썩 주저앉았다. 피노키오가 감옥에 있는 제페토 영감 생각에 낄낄대며 웃고 있을 때 이상한 소리가 들렸다.

"귀뚤, 귀뚤, 귀뚤!"

"거기 누구야?" 피노키오가 깜짝 놀라서 물었다.

"나야!"

피노키오는 몸을 돌려 벽 위로 천천히 기어오르고 있는 커다란 귀뚜라미를 발견했다.

"너는 누구야, 귀뚜라미야?"

"나는 말하는 귀뚜라미야. 이 방 안에서 백 년도 넘게 살고 있어."

"그런데 오늘 이 방은 내 것이야." 피노키오가 말했다. "이제 부탁 하나만 할 테니 그만 나가 줘."

p.30 "너에게 한 가지 아주 중요한 사실을 말해 주기 전까지는 떠날 생각이 없어." 귀뚜라미가 대답했다.

"빨리 말해. 그런 다음 나가."

"부모님 말씀에 따르기를 거부하고 집에서 도망치는 사내아이들은 끝이 좋지 않아! 그런 아이들은 현세에서는 절대 행복해질 수 없을 것이고, 어른이 되면 그것에 대해 몹시 유감스러워할 거야."

"어디 하고 싶은 말 다 해 봐, 귀뚜라미야. 하지만 내일 새벽에 나는 이곳을 영원히 떠날 거야. 만약 내가 이곳에 머무르면 나는 다른 아이들 전부처럼 살아야 할 거야. 학교에 보내지고, 공부하도록 강요받을 테지. 나는 그런 것을 원하지 않아. 너한테 말해 주자면 나는 공부하는 것이 싫어! 나비들을 뒤쫓고, 나무에 오르고, 새 둥지를 터는 것이 훨씬 더 재미있거든."

"만약 계속 그런 식으로 지낸다면, 너는 자라서 당나귀가 되고 말 거야. 그런 다음에는 모두의 웃음거리가 될 거야!"

p.31 "조용히 해, 이 못생긴 귀뚜라미!" 피노키오가 소리쳤다.

그러나 귀뚜라미는 나이 많은 현명한 철학자였다. 피노키오의 건방짐에 화를 내는 대신 귀뚜라미는 차분하게 말을 이었다.

"만약 학교에 가는 것이 싫다면, 최소한 일이라도 배우지 그러니?" 귀뚜라미가 말했다. "그러면 정직하게 돈을 벌며 살 수 있을 거야."

피노키오는 참을성이 한계에 이르기 시작하고 있었다.

"세상의 모든 일들 중에서, 나에게 진정으로 어울리는 일은 한 가지뿐이야." 화가 난 꼭두각시가 말했다.

"그렇다면 그게 뭐니?"

"먹고 마시고 자고 노는 일이야."

p.32 "내 말 잘 들어, 네가 잘 되라고 해 주는 말이니까, 피노키오." 말하는 귀뚜라미가 차분한 목소리로 말했다. "그런 일을 쫓는 사내아이들은

언제나 병원이나 감옥에서 인생을 마쳐."

"조심해, 못생긴 귀뚜라미야! 나를 화나게 만들지 마!"

피노키오는 펄쩍 뛰었다. 피노키오는 발끈하여 벤치에서 망치를 잡고 말하는 귀뚜라미를 향해 있는 힘껏 망치를 던졌다.

피노키오는 가엾은 귀뚜라미를 맞출 의도는 아니었다. 그러나 불행하게도 피노키오는 귀뚜라미의 머리를 정통으로 맞혔다.

마지막 "귀뚤, 귀뚤, 귀뚤" 소리와 함께 가엾은 귀뚜라미는 벽에서 떨어져 죽고 말았다!

피노키오, 배가 고파서 직접 오믈렛을 요리하려고 하다

p.33 피노키오는 몹시 배가 고팠기 때문에 곧 말하는 귀뚜라미를 죽인 충격을 극복했다. 아무튼 피노키오는 만들어진 이후 먹을 것을 아무것도 먹지 못했던 것이었다!

p.34 피노키오는 빵 조각을 찾으려고 방 안을 돌아다니고 모든 상자와 서랍을 샅샅이 조사하고, 심지어는 침대 밑까지 살펴보았다. 그러는 동안 피노키오의 배고픔은 점점 더 심해졌고, 머지않아 현기증이 나고 어질어질해졌다.

"말하는 귀뚜라미 말이 맞았어." 피노키오가 꼬르륵거리는 배를 움켜잡고 중얼거렸다. "내가 아버지 말을 듣지 않고 집에서 도망친 것은 나빴어. 만약 아버지가 나와 함께 여기에 계신다면 내가 이렇게 배가 고프지는 않을 텐데!"

바로 그때 피노키오는 구석에 모아 놓은 쓰레기 사이에서 달걀 하나를 보았다. 피노키오는 그것을 쥐고 기뻐서 거의 울 뻔했다.

"그러면 이제 너를 어떻게 요리해 줄까?" 피노키오가 달걀을 향해 미소를 지으며 말했다. "그래! 오믈렛을 만들자!"

피노키오는 프라이팬을 데웠다. 그러나 버터나 기름 대신, 피노키오는 약간의 물을 프라이팬에 부었다. 물이 끓기 시작하자, 피노키오는 달걀 껍질을 깼다. **p.35** 그러나 계란의 흰자와 노른자 대신, 작은 노란 병아리가 나왔다! 그것은 털이 보풀보풀 날리고 쾌활했으며 미소를 짓고 있었다.

"고마워요, 피노키오 님." 병아리가 우아하게 절을 하며 말했다. "피노키오 님이 제가 저의 껍질을 깨는 수고를 덜어 주셨어요! 안녕히 계세요. 그리고 행운을 빌어요!"

이 말과 함께, 병아리는 시야에서 사라질 때까지 공중으로 날아갔다.

"말하는 귀뚜라미 말이 맞았어!" 피노키오가 소리쳤다. "만약 내가 집에서 도망치지 않았고 아버지가 지금 여기 계신다면, 나는 허기로 죽어 가고 있지는 않을 텐데!"

고통스러운 공복을 이기지 못하고, 피노키오는 자신에게 약간의 빵을 줄지도 모르는 어떤 인정 많은 사람을 찾아보려는 희망을 품고 근처의 마을로 가기로 결정했다.

피노키오, 자기 발을 태우다

p.37 거리는 칠흑 같았다. 날씨는 끔찍했고, 눈부신 번개의 섬광들이 때때로 하늘을 불바다로 바꾸어 놓으며 하늘을 가로질러 번쩍 쏘아졌다. 성난 바람은 차갑게 불었고 짙은 먼지구름을 일으켰다.

p.38 피노키오는 무서웠으나, 그가 느낀 배고픔은 그의 무서움보다 훨씬 더 컸다. 피노키오는 쉬지 않고 달려서 마침내 마을에 도착했다.

마을 전체는 어둡고 텅 비어 있었다. 모든 가게는 닫혀 있었다. 거리에는 단 한 명의 사람도 보이지 않았다.

피노키오는 자포자기하여 문간으로 달려갔다. 피노키오는 계속해서 초인종을 울렸다.

나이트캡을 쓴 노인이 창문을 열고 밖을 슬쩍 내다보았다.

"이렇게 늦은 시간에 무엇을 원하는 거야?" 노인이 화를 내며 물었다.

"제게 약간의 빵을 좀 주시는 친절을 베풀어 주시겠어요? 저는 배가 무척 고파요."

"거기서 기다려라." 노인이 대답했다. 노인은 피노키오가 밤에 사람들이 평화롭게 잠들어 있는 동안 초인종을 눌러대며 돌아다니기를 아주 좋아하는 사내아이들 중 한 명이라고 생각했다.

잠시 후 노인은 돌아왔다.

p.39 "창문 아래로 와라!" 노인이 말했다.

피노키오는 창문 아래로 가자마자 얼음장처럼 차가운 물벼락이 자신의 나무로 만들어진 머리 위로 쏟아져 내리는 것을 느꼈다.

피노키오는 흠뻑 젖고 여전히 배가 고픈 상태로 집으로 돌아왔다. 피노키오는 작은 의자에 앉아 자신의 두 발을 말리려고 난로 위에 발을 놓았다. 피노키오는 곧 잠이 들었고, 잠을 자는 동안 그의 나무다리는 타기 시작했다. 천천히 두 다리는 까매지고 재로 변했다.

피노키오는 자신의 다리가 타서 없어지고 있는 것도 알지 못하고 행복하게 코를 골고 있었다. 새벽에 피노키오는 문간에서 커다란 노크 소리가 들리자마자 눈을 떴다.

"누구세요?" 피노키오가 눈을 비비며 말했다.

"나다." 제페토 영감이 대답했다.

제페토 영감, 집으로 돌아오다

p.40 가엾은 피노키오는 자신의 두 발이 타서 없어져 버렸다는 것을 아직 알지 못했다. 아버지의 목소리를 들었을 때, 피노키오는 문을 열려고 자리에서 벌떡 일어났다. 그러다가 피노키오는 비틀거리고 마룻바닥에 쓰러졌다.

"아버지, 저는 걸을 수 없어요!" 피노키오가 소리쳤다.

p.41 "왜?"

"누가 제 발을 먹어 버렸어요."

"뭐라고?"

"고양이가 제 발을 먹어 버렸어요!" 방구석에서 약간의 대팻밥을 가지고 바쁘게 놀고 있는 작은 동물을 보며 피노키오가 말했다.

제페토 영감은 집의 한쪽 면으로 기어 올라가서 창문을 통해 안으로 들어갔다. 피노키오가 정말로 발 없이 마룻바닥에 뻗어 있는 것을 보자마자 제페토 영감은 매우 슬퍼졌다. 제페토 영감은 가엾은 꼭두각시를 마룻바닥에서 집어 올려 그를 쓰다듬고 어루만졌다.

"피노키오야!" 제페토 영감이 소리쳤다. "어쩌다가 발을 태웠니?"

"저도 모르겠어요, 아버지. 하지만 저는 끔찍한 밤을 보냈어요. 천둥은 아주 시끄럽고 번개는 아주 눈부셨어요. 그리고 저는 아주아주 배가 고팠어요!"

p.42 제페토 영감은 피노키오에게 안된 마음이 들었다. 제페토 영감은 주머니에서 세 개의 배를 꺼내어 그것을 피노키오에게 주었다.

"제가 그것들을 먹기를 원하신다면, 저를 위해 껍질을 벗겨 주세요." 피노키오가 말했다.

"껍질을 벗기라고?" 제페토 영감이 놀라서 물었다. "네가 그렇게 음식 투정이 심하고 까다로울 줄은 생각도 못했구나. 그건 나쁜 거야, 나빠도 아주 나쁘지! 우리는 모든 것을 먹는 것에 적응해야 해. 어떤 인생이 우리에게 준비되어 있을지 모르기 때문이지!"

"껍질을 안 벗겨 주시면 배를 먹지 않을래요."

마음씨 착한 늙은 제페토 영감은 칼을 꺼내어 세 개의 배를 깎았고, 그 껍질들을 탁자 위에 올려놓았다.

피노키오는 배 한 개를 먹고 씨를 버리려고 주변을 둘러보았다. 제페토 영감은 피노키오의 팔을 잡았다.

"그것을 버리지 말거라!" 제페토 영감이 말했다.

"하지만 저는 씨는 먹지 않을래요!" 피노키오가 화난 목소리로 말했다.

p.43 "두고 보자꾸나." 제페토 영감이 세 개의 씨들을 탁자 위 껍질 옆에 두며 차분하게 말했다.

배 세 개를 게걸스럽게 먹어 치운 피노키오는 큰 소리로 하품을 했다.

"아직도 배가 고파요." 피노키오가 말했다.

"하지만 너에게 줄 것이 더 이상은 아무것도 없구나." 제페토 영감이 대답했다.

"아무것도요?"

"이 씨들과 이 껍질뿐이란다."

"다른 것이 아무것도 없다면, 그것들을 먹겠어요."

차례차례 그 껍질과 씨들이 사라졌다.

"아! 이제 괜찮네요!" 마지막 것을 먹고 난 후 피노키오가 말했다.

p.44 "보려무나." 제페토 영감이 말했다. "내가 너에게 사람은 음식 투정이 너무 많고 너무 까다롭게 굴면 안 된다고 말할 때 내 말이 옳았잖니. 피노키오야, 어떤 인생이 우리에게 준비되어 있을지 우리는 전혀 모르는 거란다."

제페토 영감, 피노키오에게 새 다리를 만들어 주다

p.45 허기가 달래지자마자 피노키오는 새 발을 한 벌 원한다고 투덜거리기 시작했다. 그러나 제페토 영감은 피노키오가 한 못된 짓에 대해 피노키오를 벌주고 싶었다. 그래서 아침과 오후 내내 피노키오를 혼자 내버려 두었다.

p.46 "내가 왜 너에게 새 발을 만들어 주어야 하니?" 저녁 식사 후 제페토 영감이 물었다. "그러면 너는 집에서 또 한 번 도망칠 수 있겠구나?"

"이제부터는 착하게 굴겠다고 아버지께 약속드릴게요." 피노키오가 울먹이며 말했다.

"사내아이들이란 자기가 무언가를 원할 때면 항상 그렇게 말하지." 제페토 영감이 말했다.

"매일 학교에 가겠다고 약속드릴게요."

"사내아이들이란 자기가 무언가를 원할 때면 항상 그렇게 말하지."

"하지만 저는 다른 사내아이들보다 더 착해요! 그리고 저는 언제나 진실만 말해요. 약속드릴게요, 아버지. 일을 배울게요. 그런 다음 아버지가 너무 연세가 드셔서 일을 못하게 되시면 아버지를 보살펴 드리고 편하게 지내시게 해 드릴게요."

제페토 영감은 매우 엄격해 보이려고 애썼다. 그러나 피노키오가 그토록 불행한 것을 보고서 제페토 영감은 자기 눈에 눈물이 가득 고이고 마음이 누그러지는 것을 느꼈다. 제페토 영감은 아무 말도 하지 않았지만 자신의 연장과 나무토막 두 개를 가져와서 부지런히 일을 하기 시작했다.

p.47 한 시간도 안 되어 피노키오의 발이 마무리되었다. 그것들은 가느다랗고 날렵한 작은 발들이었고, 강하고 빨랐으며, 마치 예술가의 손에 의해 만들어진 듯했다.

"이제 눈을 감고 자거라!" 그때 제페토 영감이 피노키오에게 말했다.

제페토 영감이 달걀 껍질에 녹여 놓은 약간의 접착제를 가지고 두 다리를 붙이는 동안 피노키오는 눈을 감고 자는 척했다. 제페토 영감의 작업은 아주 훌륭해서 이음매가 거의 보이지 않았다.

새 다리가 느껴지자마자, 꼭두각시는 탁자에서 뛰어내려 주변을 깡충거리고 뛰어다니기 시작했다.

p.48 "제가 얼마나 아버지께 감사드리는지 보여 드리기 위해서, 저는 이제 학교에 갈 거예요." 피노키오가 말했다. "하지만 학교에 가려면 저는 새 옷이 필요해요."

제페토 영감은 돈이 한 푼도 없었다. 그래서 자신의 아들에게 꽃무늬 종이로 작은 옷 한 벌을, 나무껍질로 신발 한 켤레를, 그리고 약간의 밀가루 반죽으로 작은 모자를 만들어 주었다.

피노키오는 물이 담긴 대야에 자신의 모습을 비춰 보려고 달려갔다.

"이제 제가 신사처럼 보이네요." 피노키오가 행복감과 자부심을 느끼며 말했다.

"그래, 그렇구나." 제페토 영감이 대답했다. "하지만 단정하고 깨끗하지 않은 사람이라면 멋진 옷이라도 그 사람을 신사로 만들어 주지는 않아."

"네, 아버지." 피노키오가 대답했다. "하지만 학교에 가기 전에 필요한 것이 더 있어요."

"뭐니?"

"ABC 알파벳 책이요."

"그렇구나!"

"하지만 아버지, 아버지한테는 돈이 없잖아요."

p.49 "고민해 보자꾸나, 피노키오야." 제페토 영감이 말했다.

제페토 영감은 의자에서 벌떡 일어나 기운 곳과 헝겊을 댄 곳 투성이인 자신의 낡은 외투를 입고 다른 말없이 집에서 달려 나갔다.

잠시 후, 제페토 영감은 ABC 알파벳 책을 손에 들고 돌아왔다. 그러나 낡은 외투는 사라지고 없었다.

"외투는 어디 있어요, 아버지?" 피노키오가 말했다.

"팔았단다."

"왜요?"

"날씨가 너무 따뜻하잖니."

피노키오는 그 대답을 이해했다. 눈물을 억누르지 못하고 피노키오는 자기 아버지의 목에 달려들어 그에게 자꾸자꾸 입을 맞추었다.

피노키오, ABC 알파벳 책을 팔다

p.50 피노키오는 자신의 새 ABC 알파벳 책을 옆구리에 끼고 학교로 서둘러 갔다.

"오늘은 학교에서 읽기를 배울 것이고, 내일은 쓰기를, 내일 모레는 산수를 배울 거야." 피노키오가 혼잣말을 했다. "내가 영리한 아이가 되면 그때는 많은 돈을 벌 수 있을 거야. 내가 처음으로 버는 바로 그 돈으로 나는 아버지께 새 외투를 사 드릴 거야."

p.51 혼잣말을 할 때, 피노키오는 멀리서 피리소리와 북소리가 들린다고 생각했다. 피노키오는 귀를 기울이려고 걸음을 멈췄다. 그 소리는 해안을 따라 나 있는 작은 마을로 이어지는 작은 길에서 나왔다.

"저 소리는 뭐지? 학교에 가야 하다니 참 유감스럽군! 그렇지 않으면 내가 가서……."

피노키오는 곰곰이 생각했다. 학교에 가야 할까, 아니면 피리소리를 따라 가야 할까?

"오늘은 피리소리를 따라가야지." 피노키오가 어깨를 으쓱하며 마침내 말했다. "그리고 내일은 학교에 가는 거야. 학교에 갈 시간은 언제나 많으니까."

이 말을 하자마자 피노키오는 바람처럼 지나가며 길을 내려가기 시작했다. 피노키오가 달려갈수록 피리소리와 북소리는 점점 더 커졌다.

p.52 머지않아 피노키오는 어느 커다란 광장에 있는 자기 자신을 발견했다. 그곳은 화려한 색깔로 칠해진 작은 나무 건물 앞에 서 있는 사람들로 가득했다.

"저 건물은 무엇이니?" 피노키오가 자기 근처에 있는 어린 사내아이에게 물었다.

"간판을 읽어 봐."

"나도 읽고 싶지만, 어떤 이유 때문에 오늘은 못 읽어."

"그러면 내가 너에게 읽어 줄게. 그것은 '꼭두각시 대극단'이라고 적혀 있어."

"공연이 시작되었니?"

"곧 시작될 거야."

"입장권은 얼마야?"

"4페니야."

피노키오는 안에서 무슨 일이 일어나고 있는지 알고 싶다는 호기심 때문에 흥분했다. 피노키오는 근처에 있던 고물상을 보았을 때 어떻게 해야 할지 고민하고 있었다.

p.53 "실례합니다." 피노키오가 말했다. 이때쯤 피노키오는 자기 아버지에 관해서는 모조리 잊어버리고 있었다. "제 ABC 알파벳 책 값으로 4페

니를 주시겠어요?"

"좋아." 고물상이 말했다.

그 자리에서 당장 피노키오의 책은 4페니에 팔렸다.

꼭두각시들, 자신들의 형제 피노키오를 알아보다

p.54 피노키오는 섬광처럼 빠르게 꼭두각시 극장 안으로 사라졌다. 커튼이 올라가 있었고 공연은 이미 시작된 상태였다.

두 개의 꼭두각시인 아를레키노와 푼키넬로가 무대에서 연기를 하고 있는 중이었다. 평소와 마찬가지로, 그들은 나무 막대기를 가지고 서로를 위협하고 있었다.

p.55 극장은 사람들로 가득했다. 그들은 그 구경거리의 매 순간을 즐기고 있었다. 남녀노소 전부 두 꼭두각시의 익살스러운 짓에 울음이 나올 정도까지 웃어대고 있었다.

연극은 몇 분 동안 계속되었다. 그때 갑자기 아를레키노가 말하는 것을 멈추었다. 아를레키노는 관객들을 향해 몸을 돌렸고 관현악단의 뒤쪽을 가리켰다.

"봐, 봐!" 아를레키노가 크게 소리쳤다. "내가 꿈을 꾸고 있나? 저기 있는 게 정말로 피노키오야?"

"그래, 피노키오야!" 푼키넬로가 소리쳤다.

"정말이야!" 무대 옆에서 안을 살짝 들여다보며 로사우라 부인이 비명을 질렀다.

p.56 "피노키오다! 피노키오야!" 꼭두각시들이 무대 양 옆에서 우르르 쏟아져 나오며 일제히 소리쳤다. "피노키오다. 우리의 형제 피노키오야!"

"피노키오, 이리로 올라와!" 아를레키노가 소리쳤다. "와서 네 나무 형제들을 안아 주렴."

피노키오는 이러한 애정 어린 초대를 거부할 수 없었다. 관현악단 뒤쪽에서 한 번 껑충 뛰고 나서 피노키오는 관현악단 뒤쪽에서 악단의 맨 앞줄에 있는 자신을 발견했다. 한 번 더 껑충 뛰고 나니 피노키오는 관현악단 지휘자의 머리 위에 있었다. 세 번째로 껑충 뛰고 나니 피노키오는 무대 위에 있었다.

피노키오는 기쁨의 비명과 따뜻한 포옹과 친근한 인사로 환영 받았다. 한편 관객들은 연극이 중단되었기 때문에 화가 났다.

"연극!" 관객들이 소리쳤다. "연극을 계속해라!"

p.57 고함소리에도 달라지는 것은 없었다. 꼭두각시들은 계속해서 환호하고 이리저리 뛰어다녔다.

바로 그 순간, 극단의 단장이 자신의 방에서 나왔다. 단장은 아주 못생기고 사나워 보여서 바로 그의 모습을 보는 것만으로도 성인 남자까지도 겁이 나게 했다. 단장의 검은 턱수염은 아주 길어서 그의 턱 끝에서 발까지 닿았다. 단장의 입은 오븐만큼 넓었고 그의 이는 노란 송곳니 같았다. 단장의 눈은 발갛게 타오르는 두 개의 석탄 같았다. 단장은 자신의 털투성이 커다란 손에 초록 뱀 가죽과 검은 고양이의 꼬리를 한데 꼬아 만든 긴 채찍을 들었다.

단장의 예기치 않은 출현에 모두 숨 쉬는 것을 멈추었다. p.58 가엾은 꼭두각시들은 폭풍 속의 나뭇잎들처럼 벌벌 떨었다.

"왜 내 극장에서 이러한 소란을 일으킨 것이냐?" 거대한 남자가 도깨비 같은 목소리로 피노키오에게 물었다.

"믿어 주세요, 선생님. 제 잘못이 아니었어요." 피노키오가 떨리는 목소리로 대답했다.

"조용히 해! 나중에 너를 처리하겠다."

연극이 끝났을 때 단장은 부엌으로 갔다. 그곳에는 질 좋은 커다란 양고기 덩어리가 꼬챙이에 끼워져 천천히 돌아가고 있었다. 불이 잘 타려면 더 많은 나무가 필요했다. 단장은 아를레키노와 푼키넬로를 불렀다.

"그 멍청한 꼭두각시를 내게 데려와!" 단장이 겁에 질린 꼭두각시들에게 말했다. "그 녀석을 땔나무로 사용해야겠어."

처음에 아를레키노와 푼키넬로는 망설였다. 그러나 자기들 주인에게서 위협적인 표정을 본 후, 그들은 그의 말에 따르기 위해 부엌을 떠났다. 그들은 곧 가엾은 피노키오를 데리고 돌아왔다. 피노키오는 뱀장어처럼 꿈틀거리고 꼼지락댔으며 애처로울 정도로 울고 있었다.

p.59 "아버지, 살려 주세요!" 가엾은 꼭두각시가 말했다. "저는 죽고 싶지 않아요! 죽고 싶지 않다고요!

인형극단의 단장, 재채기를 하고 피노키오를 용서하다

p.60 단장은 아주 못생겼으나, 생긴 것처럼 못되지는 않았다. 이에 대한 증거는 그 가엾은 꼭두각시가 공포로 발버둥치는 것을 보았을 때 꼭두각시에게 안된 마음이 들었다는 것이다. 우선 단장은 다시 생각해 보다가 그 다음에는 마음이 약해지기 시작했다. 마침내 단장은 더 이상 감정을 억제하지 못하고 커다란 재채기를 했다.

p.61 그 재채기에, 아를레키노는 즐겁게 미소를 지으며 피노키오를 향해 몸을 숙였다.

"좋은 소식이야, 형제." 아를레키노가 피노키오의 귀에 속삭였다. "주인님이 재채기를 하셨어. 그것은 단장님이 너에게 안된 마음이 들었다는 징조야. 너는 살았어!"

보통 사람들은 슬프고 비탄에 잠기면 울고 눈물을 훔치는 데 반해서, 단장은 기분이 안 좋을 때마다 재채기를 하는 이상한 습관이 있었다.

"그만 울어라!" 단장이 말했다. "네 흐느낌이 이곳 내 배의 아래쪽에 이상한 기분이 들게 하고…… 에…… 취! …… 에…… 취!" 단장은 두 번 커다란 재채기를 하며 말을 마쳤다.

"신의 가호가 있기를 바랍니다!" 피노키오가 말했다.

"고맙구나! 네 부모님은 아직 살아 계시니?" 단장이 물었다.

p.62 "제 아버지는 살아 계세요. 어머니는 본 적이 없고요. 어머니가 계신지는 잘 모르겠어요."

"내가 너를 장작으로 쓰게 되면 네 가엾은 아버지는 몹시 슬퍼하시겠구나. 가엾은 노인네! 에…… 취! 에…… 취! 에…… 취!" 세 번 더 재채기 소리가 났는데 전보다 소리가 훨씬 더 커졌다.

"신의 가호가 있기를 바랍니다!" 피노키오가 말했다.

"고맙다! 하지만 지금 나는 몹시 슬프기도 하구나. 나의 멋진 저녁 식사를 망쳤어. 불을 피울 나무가 더 이상 없고, 양고기는 절반만 요리된 상태야. 걱정 마라! 너 대신 태울 다른 꼭두각시를 고를 테니까. 어이 거기! 무관들!"

이 부름에 두 개의 나무 무관이 나타났다. 그들은 한 가닥의 밧줄처럼 길고 가늘었으며, 머리에는 이상한 모자를 쓰고 손에는 칼을 들고 있었다.

"아를레키노를 데려와." 단장이 걸걸한 목소리로 말했다. "아를레키노를 묶어서 불에 던져라. p.63 나는 양고기가 잘 익기를 원한다!"

아를레키노는 마룻바닥에 쓰러졌다.

바로 이 순간, 피노키오는 단장의 발치에 털썩 몸을 던졌다.

"불쌍히 여겨 주세요, 부탁합니다, 나리!" 피노키오가 울며 간청했다.

"여기 나리는 없다!"

"불쌍히 여겨 주세요, 선생님!"

"여기 선생님은 없다!"

"불쌍히 여겨 주세요, 각하!"

자신을 각하라고 부르는 소리를 듣자마자 꼭두각시 극단의 단장은 자신의 의자에 앉았다. 단장은 자신의 긴 턱수염을 쓰다듬었다. 단장은 갑자기 친절해지고 동정심을 느꼈다.

"자, 이제 나에게서 무엇을 원하느냐, 꼭두각시야?" 단장이 당당하게 미소를 지으며 피노키오에게 말했다.

p.64 "저의 가엾은 친구 아를레키노에 대한 자비를 간청합니다."

"나는 너에게 자비를 보여 주었다, 피노키오. 하지만 나는 배가 고프다. 아를레키노는 네 대신 불에 타야 해."

"그렇다면 어떤 일이 행해져야 할지는 분명하군요." 피노키오가 일어서며 당당하게 말했다. "오세요, 부관님들! 저를 묶어서 불에 던지세요. 가엾은 아를레키노를 제 대신 태우는 것은 공정하지 않아요. 아를레키노는 제가 저의 짧은 생애에서 사귀게 된 가장 좋은 친구예요."

이 용감한 말은 귀청을 찢는 듯한 목소리로 나왔다. 그 말은 다른 모든 꼭두각시들을 울렸다. 역시 나무로 만들어진 무관들조차도 두 명의 아기들처럼 울었다.

단장은 조금씩 마음이 누그러졌고 재채기를 하기 시작했다. 그리고 너댓 번의 재채기 후에, 단장은 피노키오에게 두 팔을 활짝 벌렸다.

p.65 "너는 용감하고 인품이 훌륭한 소년이구나!" 단장이 말했다. "내 품으로 와서 입을 맞춰 주렴!"

피노키오는 단장에게 달려가 그의 코끝에 다정한 입맞춤을 해 주었다.

피노키오와 아를레키노가 용서받았다는 소식에 꼭두각시들은 무대로 달려갔다. 그들은 모든 불을 켜고 새벽까지 춤을 추고 노래를 불렀다.

인형극단의 단장, 제페토 영감에게 주라고 피노키오에게 금화 다섯 개를 주다

p.66 다음날 단장은 피노키오를 곁으로 불렀다.

"네 아버지의 성함이 어떻게 되시니?" 단장이 꼭두각시에게 물었다.

"제페토입니다."

"그리고 무슨 일을 하시니?"

"나무 조각가세요."

p.67 "돈은 많이 버시니?"

"주머니에 1페니도 갖고 계시지 않아요. 저에게 학교에서 쓸 ABC 알파벳 책을 사 주시려고 한 벌뿐인 외투를 파셔야 했어요."

"가엾은 노인! 네 아버지에게 안쓰러운 마음이 드는구나. 자, 이 금화 5개를 가져가렴. 가서 나의 가장 다정한 안부 인사와 함께 네 아버지께 드리거라."

피노키오는 그 친절하고 못생긴 남자에게 수천 번 감사 인사를 했다. 피노키오는 꼭두각시들 각자와 심지어 무관들에게도 차례로 입을 맞추었다. 피노키오는 기뻐서 어쩔 바를 모르고 집으로 향하는 여행에 나섰다.

반 마일도 채 가기 전에 피노키오는 두 마리의 친한 친구처럼 함께 걷고 있는 절름발이 여우와 눈 먼 고양이를 만났다.

"안녕, 피노키오." 여우가 정중하게 말했다.

p.68 "내 이름을 어떻게 아니?" 피노키오가 말했다.

"나는 네 아버지를 잘 알아. 어제 네 아버지를 봤지."

"무엇을 하고 계셨어?"

"집 앞 문간에 서 계셨어. 소매가 있는 셔츠만 입은 채 추위로 덜덜 떨고 계시던데."

"가엾은 아버지! 하지만 일단 내가 집에 가기만 하면 고생하지 않게 되실 거야."

"왜?"

"왜냐하면 나는 부자가 되었으니까."

"네가 부자라고?" 여우가 말하고 크게 웃기 시작했다. 고양이 역시 웃고 있었으나, 자신의 긴 수염을 쓰다듬으며 그것을 감추려고 했다.

"나는 금화 5개가 있어." 피노키오가 단장이 자신에게 주었던 금화들을 꺼내면서 화를 내며 말했다.

여우는 자기도 모르게 불구인 것으로 되어 있는 자신의 발을 내밀었다.

p.69 고양이는 타오르는 두 개의 석탄처럼 보일 때까지 자신의 눈을 크게 떴지만, 얼른 다시 눈을 감아서 피노키오는 그것을 눈치채지 못했다.

"그 돈을 전부 다 가지고 무엇을 할 거니?" 여우가 물었다.

"나는 아버지께 드릴 멋진 새 외투를 살 거야. 그런 다음 나를 위해 ABC 알파벳 책을 살 거야. 나는 학교에 가서 열심히 공부하고 싶어."

"나를 좀 봐." 여우가 말했다. "나는 공부를 하려고 노력했기 때문에 발을 잃었어."

"나를 좀 봐." 고양이가 말했다. "나는 공부를 하려고 노력했기 때문에 시력을 잃었어."

바로 그 순간, 지빠귀 한 마리가 날아와서 길가를 따라 설치된 울타리에 내려앉았다.

"피노키오." 지빠귀가 째진 목소리로 말했다. "나쁜 충고는 듣지 마. 만약 그렇게 하면 너는 후회하게 될 거야!"

p.70 순식간에 고양이가 가엾은 지빠귀에게 뛰어올라 그를 깃털까지 모두 삼켜 버렸다.

새를 잡아먹은 후, 고양이는 수염을 닦고 눈을 감고 나서 한번 장님 행세를 했다.

"가엾은 지빠귀!" 피노키오가 말했다. "왜 지빠귀를 죽였지?"

"지빠귀에게 교훈을 가르쳐 주려고 죽였어. 말이 너무 많았거든."

"네 금화를 두 배로 만들고 싶어?" 여우가 피노키오에게 말했다.

"무슨 말이야?"

"너의 그 보잘것없는 금화 5개 대신에 금화 100개, 1,000개, 2,000개를 원해?"

"물론이지, 그런데 어떻게?"

"쉬운 방법이 있어. 집으로 네 아버지에게 가는 대신 우리와 함께 가는 거야."

"나를 어디로 데려갈 건데?"

"캐치풀스 시로."

피노키오는 잠시 생각했다.

p.71 "아니, 나는 가고 싶지 않아." 마침내 피노키오가 단호하게 말했

다. "우리 아버지가 나를 기다리고 계셔. 아버지는 내가 아직 돌아오지 않아서 분명히 매우 슬퍼하고 걱정하고 계실 거야! 나는 나쁜 아들이었고, 말하는 귀뚜라미가 부모님 말씀에 따르지 않는 아이는 현세에서 절대 행복해질 수 없다고 말했을 때 그의 말이 옳았던 거야. 나는 교훈을 배웠어."

"좋아, 그렇다면 집에 가. 네가 정말로 그러기를 원한다면." 여우가 말했다. "하지만 너는 후회할 거야."

"그래. 너는 후회할 거야." 고양이가 말했다.

"잘 생각해 봐, 피노키오, 내일이면 너의 금화 5개가 2,000개가 될 수도 있어!"

"2,000개라니까!" 고양이가 말했다.

"하지만 그것이 가능하기라도 한 건가?" 피노키오가 물었다.

"내가 설명해 주지." 여우가 말했다. "캐치풀스 시 바로 외곽에는 기적의 들판이라고 불리는 축복받은 들판이 하나 있어. p.72 이 들판에 구멍을 파고 그 구멍에 금화 하나를 묻는 거야. 흙으로 그 구멍을 덮은 후 물을 주고, 그 위에 소금을 약간 뿌리고, 잠을 자는 것이지. 밤중에 그 금화는 싹을 틔우고 자라고 꽃이 피고, 다음날 너는 금화가 주렁주렁 열린 아름다운 나무 한 그루를 발견하는 거야."

"그러니까 만약 내가 금화 5개를 묻게 되면, 다음날에는 몇 개를 발견하게 되는 거야?" 피노키오가 점점 더 놀라워하며 말했다.

"계산하는 것은 매우 쉬워." 여우가 대답했다. "각각의 금화가 500개를 너한테 준다고 가정하면, 5 곱하기 500을 하면 돼. 너의 금화 5개는 2,500개의 반짝거리는 새 금화를 만들어 낼 거야."

"그거 멋진데!" 피노키오가 기뻐서 춤을 추며 외쳤다. "그러면 내가 그것들을 갖자마자 내가 2,000개를 갖고 너희들에게 나머지 500개를 줄게."

p.73 "우리에게 선물을?" 여우가 모욕당한 척하며 외쳤다. "그럴 필요 없어!"

"그럴 필요 없어!" 고양이가 말했다.

"우리는 보수를 받으려고 일하는 게 아니야." 여우가 대답했다. "우리는 오로지 남을 돕기 위해 일하는 거야."

"남을 돕기 위해서고말고!" 고양이가 되풀이했다.

'그들은 아주 친절하구나.' 피노키오는 속으로 생각했다. 곧 피노키오는 아버지, 새 외투, 그리고 ABC 알파벳 책, 그리고 자신이 했던 착한 결심들을 모두 잊었다.

"가자." 피노키오가 고양이와 여우에게 말했다.

붉은 가재 여관

p.74 피노키오와 고양이와 여우는 계속 걸었다. 마침내 저녁이 다 됐을 무렵 그들은 붉은 가재 여관에 도착했다.

"여기서 잠시 쉬고 요기를 좀 하자." 여우가 말했다. "자정에 우리는 다시 출발할 거야. 우리는 새벽 무렵에는 기적의 들판에 있어야 해."

p.75 그들은 여관으로 들어갔고, 그들 셋은 같은 식탁에 앉았다. 가엾은 고양이는 자신이 매우 지쳤다고 말했으나, 그럭저럭 토마토소스를 친 서른다섯 마리의 숭어와 치즈를 곁들인 소의 양 4인분을 먹어치웠다. 그런 다음 고양이는 자신은 체력을 기를 필요가 있으므로 버터와 치즈 4인분을 더 먹어야 한다고 말했다.

여우는 의사가 자신에게 다이어트를 시켰고, 그 때문에 자신은 오로지 어려서 살이 연한 열두 마리의 봄철 병아리 고기를 곁들인 작은 산토끼만 먹을 수 있다고 말했다. 산토끼를 먹은 후 여우는 자고새 몇 마리, 꿩 몇 마리, 집토기 두세 마리, 그리고 열두 마리의 개구리와 도마뱀들을 주문했다. 여우는 더 이상 먹으면 욕지기가 날 것 같아서 거기서 멈출 것이라고 말했다.

p.76 피노키오는 가장 적게 먹었다. 피노키오는 빵 한 조각과 견과류 몇 개를 주문한 다음 그것들에는 거의 손대지 않았다. 가엾은 꼭두각시의 마음속에는 온통 기적의 들판뿐이었다.

저녁 식사 후, 여우가 여관 주인과 이야기를 하러 갔다.

"우리에게 좋은 방 두 개를 주시오." 여우가 말했다. "하나는 피노키오 씨에게, 그리고 다른 하나는 나와 내 친구에게 주시오. 우리는 다시 출발하기 전에 잠깐 잠을 잘 것이오. 정각 자정에 우리를 부르러 오는 것을 기억해 두시오."

"네, 손님." 여관 주인이 대답했다. 그런 다음 여관 주인은 마치 "이해합니다."라고 말하듯 여우에게 몰래 눈을 깜박거렸다.

피노키오는 침대에 눕자마자 깊은 잠이 들었다. 피노키오는 즉시 꿈을 꾸기 시작했다. 피노키오는 자신이 들판 한가운데에 있는 꿈을 꾸었다. 들판에는 포도나무 덩굴이 가득했다. 포도들은 다름 아닌 바람에 흔들리며 경쾌하게 반짝거리는 금화들이었다.

p.77 그 금들을 한 움큼 잡으려고 손을 뻗는 바로 그때, 피노키오는 세 번 문을 두드리는 커다란 소리에 잠에서 깨었다. 여관 주인이 자정을 알리는 종이 쳤다고 말해 주러 왔던 것이었다.

"내 친구들은 떠날 준비가 되었나요?" 꼭두각시가 물었다.

"그분들은 두 시간 전에 벌써 떠났어요."

"그들이 왜 그렇게 서둘러 떠났지요?"

"불행히도, 고양이가 그의 장남이 아프다는 전보를 받았어요. 고양이는 심지어 당신에게 작별 인사를 하려고 기다리지도 못했어요."

"그들이 저녁 식사 값을 지불했나요?"

"그들이 어떻게 그럴 수 있겠어요? 그들은 신사들이고, 당신이 계산서의 금액을 지불하는 영예를 허용하지 않을 만큼 당신의 감정을 아주 깊이 상하게 하고 싶어 하지 않았어요."

p.78 "알겠어요." 피노키오가 머리를 긁적이며 말했다. "저의 좋은 친구들이 저를 어디에서 기다리겠다고 하던가요?"

"내일 아침 동 틀 무렵에 기적의 들판에서 당신을 만날 거라고 말하더군요."

피노키오는 세 사람의 저녁 식사 값으로 금화 한 개를 지불하고 기적의 들판을 향해 길을 나섰다.

날이 아주 어두웠기 때문에 피노키오는 자기가 어디로 가고 있는지도 모른 채 계속 걸었다. 계속 걸어가면서 피노키오는 나무 몸통 위에서 작은 곤충 한 마리가 깜빡깜빡 빛을 내고 있는 것을 눈치챘다. 그것은 희미한 엷은 빛을 내며 반짝이는 아주 작은 것이었다.

"너는 누구니?" 피노키오가 말했다.

"나는 말하는 귀뚜라미의 유령이야." 마치 다른 세상에서 나온 것처럼 들리는 작은 목소리가 대답했다.

p.79 "무엇을 원하니?" 피노키오가 물었다.

"너에게 유익한 조언 몇 마디를 해 주고 싶어. 집으로 가서 너에게 남아 있는 4개의 금화를 여러 날 동안 너를 보지 못해서 울고 계시는 너의 가엾은 늙은 아버지께 드려."

"내일이면 우리 아버지는 부자가 되실 거야. 이 4개의 금화들은 2,000개가 될 테니까."

"너에게 일확천금을 약속하는 사람들을 믿지 마, 얘야. 그들은 대개 바보이거나 협잡꾼들이야!"

"하지만 나는 계속 가야 해!"

"이미 날이 너무 늦었어!"

"나는 계속 가고 싶어."

"날이 너무 어두워."

"나는 계속 가고 싶어."

"길은 아주 위험해."

p.80 "나는 계속 가고 싶어."

"나는 이미 너에게 말해 준 거다. 계속 제멋대로 하기를 고집하는 아이들은 언제나 조만간 후회하게 된다고 말이야."

"말도 안 되는 똑같은 소리를 하는 것은 그만둬. 안녕, 귀뚜라미야."

"잘 가, 피노키오야. 그리고 하느님이 자객들로부터 너를 지켜 주시면 좋겠구나."

잠시 조용했고, 말하는 귀뚜라미의 빛은 갑자기 사라졌다. 다시 한번 길은 완전히 어두워졌다.

피노키오, 자객들의 수중에 떨어지다

p.81 잠시 후, 피노키오는 자기 뒤에 있는 나뭇잎들 사이에서 약간의 살랑거리는 소리를 들었다. 피노키오가 몸을 돌려보니 어둠 속에 두 개의 검은 그림자가 있었다. 그들은 검은 자루를 머리에서 발끝까지 두르고 있었다. p.82 그 두 개의 형체는 피노키오를 향해 마치 유령처럼 아주 가볍게 뛰어나왔다.

금화를 어디에 숨길지 몰라서 피노키오는 금화 4개 모두를 혀 밑에 딱 붙여 놓았다. 피노키오는 도망치려고 애썼으나, 한 발자국 내딛자마자 힘센 손이 자신의 팔을 움켜잡는 것을 느꼈다.

"돈을 내놓거나 목숨을 내놔라!" 남자들 중 한 명이 겁을 주는 저음으로 말했다.

금화가 입 안에 들어 있었기 때문에 피노키오는 아무 말도 할 수 없었다. 그래서 손짓과 몸짓을 하며 그들에게 자신이 불쌍한 꼭두각시임을 보여 주려고 최선을 다했다.

"네 돈을 우리에게 내놔!" 두 명의 도둑이 위협적인 목소리로 외쳤다.

한 번 더 피노키오는 "나는 한 푼도 없어요."라는 몸짓을 했다.

"돈을 내놔. 아니면 너는 죽은 목숨이야." 두 자객들 중에서 키가 더 큰 이가 말했다.

p.83 "죽은 목숨이지." 다른 이가 말했다.

"그리고 너를 죽인 후에 우리는 네 아버지도 죽일 거야."

"네 아버지도 죽일 거야."

"안 돼! 우리 아버지는 안 돼!" 피노키오가 소리쳤다. 피노키오가 비명을 지를 때, 그의 입 안에서 금화가 부딪히며 딸랑거렸다.

"아, 요 못된 녀석!" 더 키가 큰 자객이 말했다. "네가 혀 밑에 돈을 숨겼구나!"

자객들 중 한 명이 꼭두각시의 코를 잡았고 다른 자객은 턱을 잡았다. 그런 다음 그들은 피노키오가 입을 벌리게 하려고 무자비하게 입을 양쪽으로 잡아당겼다.

모든 것이 헛수고였다. 꼭두각시의 입술은 떨어지지 않았다. 필사적으로 자객들 중에서 키가 더 작은 이가 자신의 주머니에서 긴 칼을 꺼내어 그것을 가지고 피노키오의 입을 비집어 열려고 애썼다. p.84 그때 순식간에 피노키오는 자객의 손에 깊숙이 이를 박아 넣었고, 손을 물어뜯어 뱉어냈다. 피노키오는 그것이 손이 아니라 고양이의 발인 것을 보고 놀랐다.

이러한 첫 승리에 용기를 얻어 용감한 꼭두각시는 혼자 힘으로 자객들의 발톱에서 빠져나왔다. 피노키오는 길을 따라 난 관목들 위를 뛰어넘고 재빨리 들판을 가로질러 달렸다. 피노키오의 추적자들은 산토끼를 뒤쫓는 두 마리의 개들처럼 즉시 그를 쫓아 달려왔.

7마일쯤 달린 후, 피노키오는 지칠 대로 지쳤다. 자신이 길을 잃었다는 것을 알고서 피노키오는 거대한 소나무 위로 올라가 그곳에 앉아서 주변을 둘러보았다. 자객들 역시 올라오려고 했지만, 그들은 미끄러져 떨어졌다. 그래서 그들은 나무 한 꾸러미를 잔뜩 모아서 소나무 밑둥에 쌓아 올리고 불을 질렀다. 불꽃을 보자마자 피노키오는 재빨리 땅으로 뛰어내려 다시 달리기 시작했다. 자객들은 이전처럼 피노키오를 뒤쫓아 달려오고 있었다.

p.85 동이 트고 있었고, 그때 피노키오는 길이 우중충한 커피색의 물이 가득한 깊은 웅덩이로 막혀 있는 것을 발견했다. 생각하지도 않고 피노

키오는 그것을 뛰어넘었다. 자객들 역시 뛰었으나 그들은 웅덩이 한가운데로 빠지고 말았다. 피노키오는 첨벙 물 튀기는 소리를 듣고 몸을 돌렸다.

"같이 목욕 잘 하셔, 신사분들!" 피노키오가 웃으며 말했다. 하지만 피노키오는 달리는 것을 멈추지 않았다.

몇 발자국 더 간 후, 피노키오는 그들이 분명히 익사했음에 틀림없을 것이라고 생각하고 몸을 돌려 쳐다보았다. 하지만 두 명의 자객은 물에 흠뻑 젖은 검은 자루를 가지고 물을 뚝뚝 흘리며 여전히 피노키오를 따라오고 있었다.

자객들, 피노키오를 붙잡다

p.86 거의 한 시간 동안 달린 후, 피노키오는 마침내 숲 속에 있는 어느 오두막집의 문간에 도착했다. 피노키오는 문을 두드렸다. 대답이 없다. 피노키오는 절망하여 발길질을 하고 문을 탕탕 치기 시작했다. 그때 창문이 열렸고, 아름다운 소녀 한 명이 밖을 내다보았다. 소녀는 청록색 머리카락과 아름다운 하얀 얼굴을 지니고 있었다. p.87 소녀의 눈은 감겨 있었고, 가슴에 손을 교차시켜 포개고 있었다.

"아무도 이 집에 살지 않아요." 소녀가 속삭였다. "모두 죽었어요."

"저를 위해 문을 좀 열어 주지 않으실래요?" 피노키오가 소리쳤다.

"저 역시 죽었어요."

"죽었다고요? 그러면 창문에서 무엇을 하고 있는 거죠?"

"나를 데려갈 관을 기다리고 있어요."

소녀는 사라졌고, 창문은 소리 없이 닫혔다.

"오, 청록색 머리카락의 작은 요정님." 피노키오가 소리쳤다. "문을 열어 주세요. 제발 부탁드려요."

바로 그때 두 명의 힘센 손이 피노키오의 목을 잡았다.

p.88 "이제 잡았다!" 자객들이 말했다.

그들은 두 개의 길고 날카로운 칼을 꺼냈고 꼭두각시의 등에 두 번 힘차게 휘둘렀다.

피노키오에게는 다행스럽게도, 피노키오는 아주 단단한 나무로 만들어져 있었으므로 칼은 수천 개로 산산조각 나고 말았다.

"이제 이 녀석의 목을 매다는 것 외에는 해 볼 만한 게 남아 있지 않아." 자객들 중 한 명이 다른 자객에게 말했다.

"목을 매달아." 다른 자객이 말했다.

그들은 피노키오의 손을 한데 묶고 그의 목에 올가미를 슬쩍 밀어 넣었다. 밧줄을 거대한 떡갈나무의 높은 가지 위로 던진 후, 그들은 가엾은 꼭두각시가 공중에 아주 높이 매달릴 때까지 잡아당겼다.

그들은 잔디밭에 앉아 피노키오가 마지막 숨을 거두기를 기다렸다. 하지만 세 시간 후에도 피노키오는 여전히 눈을 뜨고 있었고, 그의 입은 여전히 다물어져 있었으며, 그의 다리는 전보다 더 세게 발길질을 했다.

p.89 기다리다 지쳐서 자객들은 일어났다.

"내일 다시 오겠다." 그들이 말했다. "그때쯤이면 네 녀석은 분명히 죽어 있겠지."

조금씩 올가미는 점점 더 꽉 조여 오며 가엾은 피노키오를 숨 막히게 했다. 죽음이 점점 더 가까이 슬금슬금 다가왔다. 피노키오는 여전히 어떤 착한 사람이 자신을 구하러 와 주기를 바랐지만, 아무도 오지 않았다. 숨이 막 끊어지려는 순간, 피노키오는 가엾은 제페토 영감을 생각했다.

"오, 아버지." 피노키오가 중얼거렸다. "아버지가 여기 계신다면 좋을 텐데요!"

이것이 꼭두각시의 마지막 말이었다. 피노키오는 눈을 감고, 입을 벌리고, 다리를 쭉 뻗었고, 마치 죽은 듯이 그곳에 매달려 있었다.

청록색 머리카락의 요정, 가엾은 꼭두각시를 데려오도록 시종을 보내다

p.90 만약 가엾은 꼭두각시가 훨씬 더 오래 그곳에 대롱대롱 매달려 있었다면, 틀림없이 죽었을 것이었다. 다행히도, 청록색 머리카락의 요정이 다시 한번 창밖을 내다보았다. 요정은 가엾은 작은 친구를 보고 동정심이 가득 생겼다. 요정은 짧고 힘있게 세 번 손뼉을 쳤다.

p.91 그 신호에 커다란 매 한 마리가 와서 창문 선반에 내려앉았다.

"명령하실 것이 무엇인가요, 아름다운 요정님?" 매가 물었다.

"저 거대한 떡갈나무에 매달려 있는 꼭두각시가 보여?"

"보입니다."

"꼭두각시에게 날아가. 너의 강력한 부리로 꼭두각시를 붙들고 있는 매듭을 자르고, 그를 아래로 데려가 떡갈나무 밑동의 잔디밭에 가만히 내려놔."

매는 날아가서 시키는 대로 했다.

"꼭두각시가 죽었니? 아니면 살았니?" 매가 돌아왔을 때 청록색 머리카락의 요정이 물었다.

"처음에는 꼭두각시가 죽었다고 생각했어요. 하지만 목에 두른 매듭을 풀어 주었을 때 꼭두각시가 긴 한숨을 내쉬고 희미한 목소리로 '이제 훨씬 낫군!' 하고 중얼거리더군요."

p.92 요정은 두 번 손뼉을 쳤다. 궁중 제복을 입은 푸들 한 마리가 사람처럼 뒷다리로 걸어서 나타났다.

"이리 와, 메도로." 요정이 푸들에게 말했다. "나한테 있는 가장 좋은 마차를 준비해서 숲을 향해 출발해. 반쯤 죽어 있는 가엾은 꼭두각시가 떡갈나무 밑동 잔디밭에 사지를 뻗고 누워 있는 것이 보일 거야. 그 꼭두각시를 나에게 데려와."

푸들은 자신이 이해했다는 것을 보여 주려고 꼬리를 두세 번 흔들고 빠른 걸음으로 출발했다. 몇 분 후, 유리로 만들어진 아름답고 작은 마차 한 대가 마구간에서 끌려나왔다. 그것은 100쌍의 흰 쥐들이 끌고 있었다. 푸들은 마부석에 앉아서 신나게 자신의 채찍을 허공에서 휘둘렀다.

p.93 마차는 15분 후에 돌아왔다. 문간에서 기다리고 있던 요정은 가엾은 작은 꼭두각시를 품 안에 들어 올렸다. 요정은 피노키오를 방으로 데려가서 그를 침대에 내려놓았다. 그런 다음 그 동네의 가장 유명한 세 의사들인 까마귀, 부엉이, 그리고 말하는 귀뚜라미를 자신에게 데려오도록 즉시 사람들을 보냈다. 그들은 곧 하나둘 도착했다.

"저는 알고 싶어요, 선생님들, 이 가엾은 꼭두각시가 죽었는지 살았는지를요." 요정이 피노키오의 침대 주위에 모여 있는 세 명의 의사들을 돌아보며 말했다.

까마귀가 가엾은 피노키오를 진찰한 최초의 의사였다. 까마귀는 피노키오의 맥박을 재고, 피노키오의 코와 작은 발가락을 살펴보았다.

p.94 "이 꼭두각시는 죽어 버렸다고 생각됩니다." 까마귀가 진지하게 말했다. "하지만 전적으로 확실하지는 않습니다."

"죄송합니다만, 저는 제 유명한 친구이자 동료인 까마귀와는 의견이 다릅니다." 부엉이가 말했다. "저는 이 꼭두각시가 살았다고 생각합니다만,

제 친구와 마찬가지로 전적으로 확실하지는 않습니다. 제가 틀릴 수도 있습니다."

"그러면 선생님의 의견은 무엇인가요?" 요정이 말하는 귀뚜라미에게 물었다.

"제 생각에는 현명한 의사라면, 무언가에 대해 확신하지 못할 때에는 자기 입을 계속 꾹 다물고 있을 것입니다. 하지만 그 꼭두각시는 저에게 낯선 자가 아닙니다. 저는 오래 전에 그 꼭두각시를 알고 지냈지요!"

그때까지 아주 가만히 조용하게 있던 피노키오가 몹시 심하게 몸서리를 쳐서 침대가 흔들렸다.

"저 꼭두각시는 장난꾸러기 중에서도 최악의 유형입니다." 말하는 귀뚜라미가 말을 이었다.

피노키오는 눈을 떴다가 얼른 다시 감았다.

p.95 "이 꼭두각시는 무례하고 게으른 도망자입니다."

피노키오는 얼굴을 가리려고 시트를 잡아당겼다.

"그 꼭두각시는 아버지의 마음을 부수어 놓은 불효한 아들입니다!"

청록색 머리카락의 요정이 시트를 들추어보니 피노키오의 얼굴은 온통 눈물투성이었다.

피노키오, 설탕은 먹으면서도 약 먹기는 거부하다

p.96 의사들이 떠난 후, 요정은 피노키오의 침대로 갔다. 요정은 피노키오의 이마를 만져 보고 그가 열이 나서 몸이 불덩이처럼 뜨겁다는 것을 알아챘다. 요정은 물 한 잔을 가지고 와서 하얀 가루약을 그 안에 넣고 그것을 꼭두각시에게 건넸다.

"이것을 마시렴. 그러면 며칠 후에는 다시 나아질 거야."

p.97 피노키오는 유리잔을 보고 찡그린 얼굴을 했다.

"그것이 달아요, 써요?" 피노키오가 투덜대는 목소리로 물었다.

"쓰지만 너에게는 좋단다."

"저는 그것을 마시고 싶지 않아요."

"마셔. 그러면 너에게 설탕을 한 덩어리 줄게."

"먼저 설탕을 먹을래요. 그런 다음 쓴 물을 마시겠어요."

"약속하니?"

"네."

요정은 피노키오에게 설탕을 주었고, 피노키오는 그것을 씹어 삼켰다.

"설탕이 약이라면 얼마나 좋을까!" 피노키오가 자기 입술을 핥으며 말했다.

"이제 착하게 굴어야지. 이 물 몇 방울만 마시렴."

p.98 피노키오는 유리잔을 양손으로 잡았고 그것을 자기 코로 가져갔다.

"너무 써요! 못 마시겠어요."

"아직 마셔 보지도 않았는데 어떻게 아니?"

"설탕 한 덩어리를 더 먹고 싶어요. 그런 다음에 그것을 마실게요."

요정은 착한 어머니가 가지고 있는 모든 인내심을 동원하여 피노키오에게 설탕 덩어리를 하나 더 주고 다시 유리잔을 건넸다.

"저는 안 마실래요." 피노키오가 울음을 터뜨리며 소리쳤다. "이 끔찍한, 쓴 물을 마시지 않을 거예요. 안 마셔요. 안 마셔요! 안 마실래요!"

"얘야, 너는 나중에 후회할 거야."

"상관없어요."

"너는 몹시 아프단다."

"상관없어요."

"몇 시간 후면 너는 열 때문에 멀리 다른 세상으로 가게 될 거야."

p.99 "상관없어요."

"죽음이 두렵지 않니?"

"네. 그 끔찍한 약을 마시느니 차라리 죽겠어요."

그 순간 방문이 활짝 열렸다. 네 마리의 검은 토끼가 어깨에 작은 검은 관을 메고 들어왔다.

"너희들은 누구니?" 피노키오가 물었다.

"우리는 너를 위해 왔어." 토끼들 중 한 마리가 말했다.

"나를 위해? 하지만 나는 아직 안 죽었어!" 피노키오가 소리쳤다.

"그래. 하지만 약 먹는 것을 거부했기 때문에 잠시 후면 죽게 될 거야."

"오, 요정님, 저에게 유리잔을 주세요!" 꼭두각시가 소리를 질렀다. "어서요, 제발! 저는 죽고 싶지 않아요!"

p.100 양손으로 유리잔을 잡고 피노키오는 한입에 꿀꺽 약을 삼켰다.

"이런, 우리가 공연한 걸음을 했군." 네 마리의 토끼들이 말했다.

그들은 작은 검은 관을 가지고 목소리를 죽여 중얼중얼 투덜대며 몸을 돌려 엄숙하게 방 밖으로 행진하여 나갔다.

피노키오는 거의 즉시 튼튼해지고 건강해진 느낌이 들었다. 피노키오는 침대에서 벌떡 일어나 옷을 입었다.

"내 약이 너에게 효과가 있었구나. 그렇지 않았니?" 요정이 말했다.

"그 약은 저에게 새로운 기운을 주었어요!"

"그런데 왜 네가 그 약을 마시게 하려고 내가 너에게 사정사정해야 했던 것이니?

"저는 사내아이고, 모든 사내아이들은 병보다 약을 더 싫어해요. 그리고 다음번에는 그렇게 간절히 사정하게 하지 않겠다고 약속할게요. 검은 관을 가지고 온 그 검은 토끼들을 기억해 두었다가 즉시 약을 먹겠어요."

p.101 "이제 이리 와서 네가 어떻게 그 자객들의 손에 있게 되었는지 나에게 말해 보렴."

피노키오는 청록색 머리카락의 요정 옆에 앉아 자신의 여행에 대해 상세한 설명을 모두 그녀에게 해 주었다.

"금화들은 지금 어디에 있니?" 이야기가 끝났을 때 요정이 물었다.

"잃어버렸어요." 피노키오가 말했다. 이것은 거짓말이었다. 피노키오는 자기 주머니 안에 금화들을 넣어 두었던 것이었다.

이 말을 할 때, 피노키오의 코는, 이미 긴 상태였는데도 불구하고 적어도 2인치나 더 길어졌다.

"어디에서 잃어버렸니?" 요정이 물었다.

"숲에서요."

p.102 이 두 번째 거짓말에 꼭두각시의 코는 몇 인치 더 길어졌다.

"숲에서 금화들을 잃어버렸다면, 우리가 그것들을 찾아보고 찾아내게 될 거야." 요정이 말했다. "그곳에서 잃어버린 것은 모두 항상 발견되니까."

"아, 이제 기억이 났어요." 피노키오가 점점 더 당혹하며 대답했다. "저는 금화들을 잃어버리지 않았어요. 제가 약을 마시다가 금화들을 삼켜 버렸어요."

이 세 번째 거짓말에, 피노키오의 코는 아주 길어져서 피노키오는 몸을 돌릴 수조차 없었다. 요정은 피노키오를 쳐다보고 웃으며 앉아 있었다.

"왜 웃고 계신 거예요?" 자라고 있는 코를 보고 걱정하며 꼭두각시가 요정에게 물었다.

"너의 코와 네 거짓말에 웃고 있는 거란다."

"제가 거짓말하고 있는 줄은 어떻게 아세요?"

"얘야, 거짓말은 항상 알기 쉽단다. p.103 오직 두 종류의 거짓말이 있지. 다리가 짧아지는 거짓말과 코가 길어지는 거짓말이란다. 네 거짓말은 우연히도 코가 길어지는 거짓말이로구나."

피노키오는 아주 부끄러워져서 방에서 도망치려고 했다. 하지만 코가 너무 길어서 피노키오는 코를 문 밖으로 빼낼 수가 없었다.

피노키오, 여우와 고양이를 다시 만나다

p.104 피노키오는 자기 코의 길이에 대해 한탄하며 몇 시간을 울었다. 아무리 노력해도 피노키오는 자기 코가 문을 통과하게 할 수가 없었다. 피노키오에게 교훈을 가르치고자 했기 때문에 요정은 전혀 동정심을 보여주지 않았다. 그러나 한참 후에, 요정은 피노키오에게 안된 마음이 들기 시작해서 손뼉을 쳤다. p.105 1,000마리의 딱따구리가 창문을 통해 날아들었다. 딱따구리들이 피노키오의 코를 아주 열심히 쪼아서 잠시 후 코는 전과 같은 크기가 되었다.

"아주 친절하시네요, 요정님." 피노키오가 눈물을 닦으며 말했다. "저는 요정님을 사랑해요!"

"나도 너를 사랑한단다." 요정이 대답했다. "만약 나와 머무르고 싶다면, 너는 내 동생이 되고 나는 너의 착한 누나가 되어 줄 수 있어."

"여기 있고 싶기는 하지만, 제 불쌍한 아버지는 어떡해요?"

"내가 이미 너희 아버지를 부르러 사람을 보냈고, 땅거미가 지기 전에 네 아버지는 이곳에 오실 거야."

"정말이요?" 피노키오가 기뻐하며 말했다. "저는 가서 아버지를 만나고 싶어요. 저 때문에 고통을 많이 받아 오신 사랑하는 아버지에게 뽀뽀해 드리고 싶어서 더 이상 기다릴 수가 없어요."

"가도 되지. 하지만 조심하렴. 숲길을 따라 가면 네 아버지와 마주치게 될 거야."

p.106 피노키오는 출발했고 산토끼처럼 달렸다. 피노키오는 덤불 속에서 바스락거리는 소리를 들었다고 생각했기 때문에 거대한 떡갈나무에 도착했을 때 걸음을 멈추었다. 그때 피노키오는 붉은 가재 여관에서 함께 식

사했던 두 명의 여행 친구인 여우와 고양이를 보았다.

"우리의 친구 피노키오가 여기 있었구나!" 여우가 피노키오를 껴안고 입을 맞추며 말했다. "무슨 일이 있었니?"

"무슨 일이 있었니?" 고양이가 반복했다.

"이야기가 길어." 피노키오가 말했다. "요전 날 밤에 내가 혼자 여행을 하고 있었는데 길에서 두 명의 자객들을 만나서……."

"자객이라고? 오, 이런!"

"그래. 그들은 내 금화를 원했어. 하지만 나는 달렸고, 그들은 나를 쫓아왔지. 그들은 나를 따라잡았고 나를 떡갈나무 가지에 목매달았어."

p.107 "그거 끔찍하군!" 여우가 말했다. "참 살기 무서운 세상이야!"

여우가 말을 할 때, 피노키오는 고양이가 오른발에 팔걸이 붕대를 한 것을 눈치챘다.

"네 발은 어떻게 된 거야?" 피노키오가 물었다.

고양이는 대답하려고 했으나, 너무 심하게 말을 더듬어서 여우가 나서서 그를 도와주어야 했다.

"내 친구 대신 내가 대답해 줄게. 몇 시간 전에 우리는 길에서 늙은 늑대를 만났어. 늑대는 배가 고파서 도와 달라고 사정했지. 우리는 늑대에게 줄 것이 아무것도 없었어. 그래서 내 친구는 자기 이빨로 자기 발을 물어뜯어내어 그것을 그 가엾은 짐승에게 주었단다."

여우는 눈물을 훔쳤다.

"만약 모든 고양이들이 너 같다면, 쥐들은 얼마나 운이 좋을까!" 피노키오가 눈물을 훔치며 말했다.

p.108 "아무튼 여기서 무엇을 하고 있는 거니?" 여우가 피노키오에게 물었다.

"우리 아버지를 기다리고 있어. 이제 조금 있으면 여기로 오실 거야."

"그러면 네 금화들은 어디에 있니?"

"아직 내 주머니에 가지고 있지, 붉은 가재 여관에서 쓴 1개를 제외하면 말이야."

"너는 그것들을 기적의 들판에 뿌려야 해. 그러면 2,000개의 금화를 가질 수 있어."

"오늘은 안 돼. 다른 때에 너희와 함께 갈게."

"그러면 너무 늦을 거야." 여우가 말했다.

"왜?"

"왜냐하면 그 들판이 아주 부유한 사람에게 팔렸거든. 오늘이 일반 사람들에게 공개되는 마지막 날이야."

"기적의 들판이 여기에서 멀어?"

"단지 2마일 떨어져 있을 뿐이야. 30분 후에는 그곳에 도착할 거야. p.109 갈래?"

피노키오는 잠시 망설였다.

"가자!" 피노키오가 어깨를 으쓱하며 말했다.

기적의 들판은 2마일 떨어져 있는 것이 아니었다. 그들 셋은 한나절을 계속 걸었고, 마침내 캐치풀스 시라고 불리는 도시에 도착했다. 거리 전체는 털 없는 개들로 가득했다. 또한 털이 깎여 추위에 떨고 있는 수없이 많은 양들, 꼬리 없는 공작들, 더러운 꿩들, 볏이 없는 암탉들, 마르고 뼈만 앙상한 돼지들과 애처롭고 배고파 보이는 다른 동물들이 있었다.

이 가난뱅이와 거지들 무리를 뚫고 이따금 아름다운 마차가 지나갔다. 그 안에는 여우나 매, 아니면 독수리가 앉아 있었다.

p.110 피노키오와 그의 동료들은 도시를 가로질러 지나갔다. 바로 담 밖에서 그들은 한적한 들판으로 발을 내디뎠다.

"다 왔어." 여우가 말했다. "여기에 구멍을 하나 파고 그 안에 금화늘을 묻어."

피노키오는 구멍을 파고, 4개의 금화를 그 안에 넣고, 아주 조심스럽게 그것들을 덮었다.

"이제 우리는 가도 돼." 여우가 말했다. "우리는 여기에 금화만 남겨두어야 해. 너는 캐치풀스 시로 돌아갔다가 20분 후에 돌아오면 돼. 그러면 다 자란 포도나무와 금화가 가득 달린 가지들을 발견하게 될 거야."

피노키오는 여우와 고양이에게 고맙다고 하고 그들 각자에게 아름다운 선물을 약속했다.

"우리는 아무 선물도 원히지 않아." 두 사기꾼이 대답했다. "우리는 단지 네가 부자가 되도록 돕게 되어 즐거울 뿐이야."

여우와 고양이는 피노키오에게 작별 인사를 했다. p.111 그들은 피노키오에게 행운을 빌어 주고 그들의 길을 갔다.

피노키오, 금화를 도둑맞다

p.112 피노키오는 조바심을 내며 캐치풀스 시를 이리저리 걸었다. 20분 후, 피노키오는 마침내 기적의 들판으로 코를 돌렸다.

피노키오는 금화가 가득한 포도나무를 보기를 기대하며 기적의 들판 쪽으로 바람처럼 달렸다. 그러나 그곳에 도착했을 때, 피노키오는 아무것도 보지 못했다! p.113 바로 그때 피노키오는 자신의 머리 가까이에서 입을 벌리고 하하 크게 웃는 소리를 들었다. 피노키오는 홱 몸을 돌리고서 커다란 앵무새가 나뭇가지 위에 앉아 있는 것을 보았다.

"왜 웃고 있는 거야?" 피노키오가 물었다.

"나는 자기가 듣는 것을 모두 믿는 바보들을 비웃고 있는 거야. 그들은 자기에게 쳐 놓은 덫에 아주 쉽게 걸리도록 스스로를 허락하지."

"나도 바보인 거야?"

"분명히 너는 바보야, 가엾은 피노키오. 금이 콩처럼 들판에 뿌려질 수 있다고 믿다니 바보지 뭐야! 돈을 벌려면 누구나 열심히 일해야 하고 손이나 머리를 가지고 그것을 버는 법을 알아야 해."

"무슨 말인지 모르겠어." 피노키오가 말했는데, 그는 두려움에 벌벌 떨기 시작하고 있었다.

p.114 "분명히 말해 주지." 앵무새가 말했다. "네가 도시에 가고 없는 동안, 여우와 고양이는 여기로 돌아왔어. 그들은 너의 금화 네 개를 파내어 바람처럼 빠르게 달아났단다. 너는 절대 그들을 잡지 못할 거야!"

피노키오는 미친 듯이 땅을 파기 시작했다. 피노키오는 계속해서 파 봤지만, 금화는 하나도 없었다. 그것들은 모두 사라지고 없었다.

절망하여 피노키오는 도시로 달려갔고 치안 판사에게 강도를 신고하러 법원으로 갔다. 판사는 나이가 지긋한 존경받는 커다란 고릴라였다. 피노키오는 판사 앞에 서서 자신의 딱한 이야기를 했다. 피노키오는 도둑들의 이름과 인상착의를 말하고 정의를 실현해 줄 것을 부탁했다.

판사는 대단한 인내심을 가지고 이야기를 들었다. 판사의 눈에는 친절한 눈빛이 서려 있었다. 판사는 이야기를 귀 기울여 듣다가 거의 울 뻔했다. 피노키오가 자신의 이야기를 끝냈을 때, 판사는 손을 들어 초인종을 울렸다.

p.115 경관 제복을 입은 두 마리의 커다란 매스티프들이 나타났다.

"이 가엾은 바보가 금화 네 개를 강탈당했다." 치안 판사가 피노키오를 가리키며 엄숙하게 말했다. "그 녀석을 데려가서 감옥에 넣어라."

피노키오는 대경실색했다. 피노키오는 이의를 제기하려고 했으나, 두 명의 경관은 그들의 발로 피노키오의 입을 막고 피노키오를 감옥으로 질질 끌고 갔다.

피노키오는 넉 달 동안이나 오래 감옥에 있었다. 아주 운 좋은 기회가 없었더라면, 피노키오는 아마도 그곳에 더 오래 있어야 했을 것이었다. 마침 피노키오의 넉 달 동안의 수감 기간 중 캐치풀스 시를 다스리는 젊은 황제가 그의 적에게 큰 승리를 거두었다. p.116 이를 경축하기 위하여 황제는 불꽃놀이, 온갖 종류의 볼거리, 그리고 모든 죄수들을 석방시킬 것을 명령했다.

일단 감옥 밖으로 나오자 피노키오는 달렸고 뒤도 한 번 돌아보지 않았다.

피노키오, 요정에게 돌아가려고 출발하다

p.117 피노키오는 즉시 자신을 아름다운 요정의 집으로 다시 데려다 주기로 되어 있는 길로 여행을 시작했다. 피노키오는 자신의 아버지와 자신이 요정 누나를 보고 싶다는 바람으로 고통스러웠다. 하루 종일 비가 내려서 길은 질척거렸으나, 피노키오는 그레이하운드처럼 달렸다.

p.118 2~3마일을 쉬지 않고 달린 후, 피노키오는 공포로 얼어붙어 갑자기 멈춰 섰다.

그곳에, 도로를 가로질러 몸을 뻗고 있는 뱀이 있었다. 그것은 밝은 초록색 가죽, 발갛게 빛을 내며 타오르는 불 같은 눈, 그리고 굴뚝처럼 연기를 내뿜는 뾰족한 꼬리를 지닌 거대한 뱀이었다.

피노키오는 큰 소리로 헉 하는 소리를 내며 숨을 멈추고 반 마일 정도 정신없이 뒤로 물러났다. 마침내 피노키오는 뱀이 자기 길을 가도록 기다리려고 돌무더기 맨 위로 올라가 앉았다.

피노키오는 몇 시간을 기다렸지만, 뱀은 움직이지 않았다. 용감해지려고 최선을 다하면서 피노키오는 뱀에게 곧장 다가갔다.

"실례합니다, 뱀 아저씨." 피노키오가 말했다. "제가 지나갈 수 있도록 옆으로 비켜 주시는 친절을 베풀어 주시겠어요?"

p.119 뱀은 말을 하지도 움직이지도 않았다.

피노키오는 대답의 어떤 신호를 기다렸다. 그때까지 완전히 깨어 있고 원기왕성한 것처럼 보였던 초록 뱀은 아주 조용해지고 움직임도 없었다.

뱀이 죽었다고 생각했으므로 피노키오는 뱀을 넘어가기 시작했다. 바로 그때 뱀이 용수철처럼 튀어 올랐으며, 피노키오는 머리부터 거꾸로 뒤로 떨어지고 말았다. 피노키오의 머리는 진흙에 처박혔으므로 다리를 공중으로 쭉 뻗은 채 물구나무를 서고 말았다.

뱀은 그 애처로운 광경에 아주 열렬히, 그리고 아주 오래 웃는 바람에 동맥이 터져 그 자리에서 죽고 말았다.

피노키오는 혼자 힘으로 빠져나와 어두워지기 전에 요정의 집에 도착하기 위해서 한 번 더 달리기 시작했다. p.120 가면서 피노키오는 몹시 배가 고파졌다. 배고픔의 격통을 참을 수 없어서 피노키오는 포도를 몇 송이 따려고 밭으로 뛰어 들어갔다.

막 포도밭에 도착했을 때 피노키오는 '찰칵!' 소리와 함께 땅에 쓰러지고 말았다.

피노키오는 어느 농부가 그곳에 설치해 놓은 덫에 걸린 것이었다. 그것은 농부의 닭을 훔치러 매일 밤 오는 몇몇 족제비들을 잡기 위해 설치된 것이었다.

피노키오, 감시견으로 이용되다

p.121 피노키오는 소리치고 울면서 사정했으나, 아무도 그를 도우러 오지 않았다.

밤이 되었다.

막 기절하려는 순간 피노키오는 깜빡깜빡 빛을 내며 지나가는 작은 반딧불이를 보았다.

p.122 "작은 반딧불이야, 나를 좀 풀어 줄래?" 피노키오가 반딧불이에게 말했다.

"가엾은 녀석!" 반딧불이가 대답했다. "어쩌다가 이 덫에 걸렸니?"

"포도 몇 송이를 따려고 이 밭에 발을 들여놓았다가 그만⋯⋯."

"그것들이 너의 포도니?"

"아니."

"네 것이 아닌 것들을 가져가라고 누가 가르쳐 주었니?"

"나는 배가 고팠어."

"얘야, 배가 고픈 것이 도둑질에 대한 이유가 되지는 않아."

"네 말이 맞아!" 피노키오가 눈물을 흘리며 말했다. "다시는 도둑질을 하지 않을 거야."

바로 그때 다가오는 발소리에 대화가 끊겼다.

"아, 요 꼬마 도둑놈!" 피노키오를 발견했을 때 농부가 화난 목소리로 말했다. "그러니까 네 녀석이 내 닭들을 훔쳐가고 있는 놈이로구나!"

p.123 "아니에요!" 피노키오가 비통하게 울며 소리쳤다. "저는 단지 포도 몇 송이를 가져가고 싶었을 뿐이에요."

"포도를 훔치는 녀석이라면 닭들도 아주 쉽게 훔칠지도 모르지. 내가 네 녀석에게 잊지 못할 교훈을 가르쳐 주마."

농부는 덫을 열고 피노키오의 옷깃을 잡아 마치 강아지처럼 집으로 데리고 갔다. 집 앞 마당에 도착했을 때, 농부는 피노키오를 땅으로 내동댕이 쳤다.

"지금은 시간이 늦었군." 농부가 난폭하게 말했다. "우리는 내일 문제를 해결할 거야. 내 감시견인 멜람포가 어제 죽었기 때문에 그동안 너는 그 개를 대신하여 내 닭장을 지키면 된다."

농부는 개목걸이를 피노키오의 목에 둘러메고 그것을 벽에 못질해 놓은 긴 쇠사슬에 묶었다.

p.124 "만약 몇몇 도둑이 오거든 확실히 짖어!" 농부가 말했다.

이 말을 마치고 농부는 집 안으로 들어갔고 문을 잠갔다.

피노키오는 비통하게 흐느끼고 추위에 떨면서 개집으로 들어가 잠이 들었다.

피노키오, 도둑들을 발견하다

p.125 자정이 가까워질 무렵, 피노키오는 마당으로 다가오는 이상한 속삭임과 은밀한 소리에 잠이 깼다. 피노키오는 개집에서 코를 내밀고 네 마리의 족제비들을 보았다. 그들 중 한 놈이 자기 동료들을 떠나 개집 문으로 다가왔다.

p.126 "안녕, 멜람포." 족제비가 상냥한 목소리로 말했다.

"나는 멜람포가 아니야." 피노키오가 대답했다.

"그러면 너는 누구야?"

"나는 피노키오야."

"여기서 무엇을 하고 있지?"

"나는 새로운 감시견이야."

"그런데 늙은 감시견 멜람포는 어디에 있어?"

"어제 죽었어."

"죽었다고? 가엾은 녀석! 자, 죽은 멜람포와 했던 것과 똑같은 거래를 해야겠군."

"무슨 거래?"

"우리는 이따금씩 이 닭장을 방문해. 우리는 닭 여덟 마리를 가져가. 여덟 마리 중에서 일곱 마리는 우리 것이고, 한 마리는 네 것이야. 물론 네가 잠이 든 척하고 농부를 위해 짖지 않는다면 말이야."

p.127 "멜람포가 정말로 그렇게 했어?" 피노키오가 물었다.

"그래. 그러니까 우리 거래하는 거지?"

"좋아." 피노키오가 대답했다.

네 마리의 족제비들은 개집에서 가까운 곳에 세워진 닭장으로 곧장 갔다. 그들은 발톱으로 작은 문을 열고 안으로 슬쩍 들어갔다. 닭장 안에 있게 되자마자, 족제비들은 날카로운 쾅 소리와 함께 문이 닫히는 소리를 들었다.

피노키오 문을 닫고 이제 무거운 돌을 그 앞에 끌어다 놓았다. 그런 다음 피노키오는 마치 진짜 감시견인 것처럼 짖기 시작했다.

농부는 커다랗게 짖는 소리를 듣고 자신의 총을 가지고 뛰어나왔다.

"무슨 일이 벌어지고 있는 거야?" 농부가 물었다.

p.128 "도둑들이 여기 있어요." 피노키오가 말했다.

"어디?"

"제가 닭장 안에 그들을 가두었어요."

농부가 닭장 문을 열었다. 농부는 족제비들을 한 마리씩 꺼내어 그들을 자루 속에 넣고 묶었다. 그런 다음 피노키오에게 가서 그를 어루만지고 쓰다듬기 시작했다.

"그들을 어떻게 그렇게 빨리 발견했지?" 농부가 꼭두각시에게 물었다.

피노키오는 일어난 모든 일을 설명했다. 하지만 죽은 친구에 대한 추억을 망칠 필요가 없다고 생각하여 멜람포의 배신에 관한 부분은 빼 놓았다.

"아주 영리한 소년이구나!" 농부가 친근한 방식으로 피노키오의 어깨를 찰싹 때리며 말했다. "내가 너에게 얼마나 고마워하는지 보여 주기 위해서 너를 풀어 주마!"

피노키오, 청록색 머리카락의 요정이 죽었음을 알게 되다

p.129 풀려나자마자 피노키오는 들판과 초원을 가로질러 달리기 시작했다. 피노키오는 자신을 요정의 집으로 데려다 주게 되어 있는 주도로에 도착할 때까지 멈추지 않았다.

p.130 마침내 요정의 집이 있던 숲 쪽에 도착했을 때, 피노키오는 그 집이 사라졌음을 알았다. 그 자리에는 작은 대리석 석판 하나가 있었다. 그것에는 다음과 같은 슬픈 비문이 새겨져 있었다.

여기
자신의 동생 피노키오에게
버림을 받아
그 슬픔으로 인해 숨진
청록색 머리카락의 아름다운 요정이
누워 있노라

가엾은 꼭두각시는 마음이 아팠다. 피노키오는 땅에 쓰러져 갑자기 비통한 눈물을 쏟아내며 차가운 대리석에다 입맞춤을 퍼부었다. 바로 그때 피노키오 머리 위로 높이 날고 있던 커다란 비둘기가 그에게 말을 걸었다.

"말해 보렴, 애야." 비둘기가 말했다. "거기에서 무엇을 하고 있니?"

"울고 있어." 그 목소리를 향해서 고개를 들며 피노키오가 말했다.

"너 혹시 피노키오라는 이름의 꼭두각시를 알고 있니?"

p.131 "내가 피노키오야!"

비둘기는 재빨리 땅에 내려앉았다. 비둘기는 칠면조보다 훨씬 더 컸다.

"그렇다면 내가 네 아버지 제페토 영감님에 대해 이야기를 좀 해 주어야겠구나. 사흘 전, 나는 영감님을 바닷가에서 보았단다. 영감님은 타고 바다를 건널 작은 배를 만들고 계셨어. 지난 넉 달 동안, 그 가엾은 영감님은 너를 찾으며 유럽을 방랑하고 다니셨단다. 아직 너를 찾지 못하셨기 때문에 영감님은 멀리 바다 건너 신대륙에서 너를 찾아보기로 결심하셨어."

"여기에서 바닷가까지는 거리가 얼마나 멀어?" 피노키오가 걱정스럽게 물었다.

"50마일도 넘지."

"50마일? 오, 비둘기야, 나에게도 너와 같은 날개가 있다면 좋을 텐데!"

p.132 "만약 네가 원한다면 내가 그곳에 데려다 줄게."

"어떻게?"

"내 등에 올라타."

아무 말도 하지 않고 피노키오는 비둘기의 등에 올라탔다.

그들은 하루 밤낮을 날았다. 다음날 아침, 그들은 바닷가에 도착했다.

피노키오는 비둘기의 등에서 뛰어내렸다. 친절한 행위에 대한 아무런 감사의 말도 원하지 않았던 비둘기는 재빨리 날아올라 사라졌다.

바닷가는 바다 쪽을 바라보며 비명을 지르고 소리치는 사람들로 가득했다.

"무슨 일이에요?" 피노키오가 몸집이 작은 할머니에게 물었다.

"어떤 가엾은 늙은 아버지가 얼마 전에 외아들을 잃어버리고 오늘 바다를 건너 그를 찾아가려고 작은 배를 타고 출발했단다. 바다가 매우 사나워서 우리는 영감님이 빠져 죽지나 않을지 걱정이구나."

p.133 "그 작은 배는 어디에 있어요?"

"저기에." 몸집이 작은 할머니가 바다에서 떠다니는 작은 배를 가리키며 대답했다.

피노키오는 잠시 동안 자세히 바라보았다.

"우리 아버지예요!" 피노키오가 소리쳤다. "저분은 우리 아버지예요!"

갑자기 거대한 파도 아래로 배가 사라졌다.

"가엾은 사람!" 바닷가에서 어부들이 말했다. 그들은 집을 향해 발걸음을 돌리며 낮은 소리로 기도를 올렸다.

"내가 아버지를 구할 테야!" 피노키오가 말했다. "내가 아버지를 구할 테야!" 그 말과 함께 피노키오는 바다로 뛰어들었다.

나무로 만들어져 있어서 피노키오는 쉽게 물에 떠서 거친 바닷속에서 물고기처럼 헤엄쳤다. 곧 피노키오는 육지에서 멀어졌다.

피노키오, 부지런한 꿀벌들의 섬에 도착하다

p.134 피노키오는 밤새도록 헤엄쳤다. 새벽녘에 피노키오는 길게 뻗은 모래사장에 도착했다. 그것은 바다 한가운데에 있는 섬이었다. 일단 바닷가에 상륙하자, 피노키오는 옷을 벗고 그것을 말리려고 모래 위에 펼쳐두었다. 피노키오는 아버지의 배를 찾을 수 있을지 보려고 바다를 둘러보았다. 바다와 하늘 외에는 아무것도 보이지 않았다.

p.135 바로 그때 피노키오는 머리를 물 밖으로 크게 내놓고 근처에서 헤엄치는 커다란 물고기를 보았다.

"이봐요, 거기 물고기 님." 피노키오가 말했다. "이야기 좀 나눌 수 있을까요?"

"물론이지." 물고기가 대답했는데, 그 물고기는 때마침 아주 예의 바른 돌고래였다.

"이 섬에 잡아먹힐 걱정 없이 음식을 먹을 수 있을 수 있는 장소가 있나요?"

"그래. 사실 이 자리에서 멀지 않은 한 곳을 발견하게 될 거야."

"그곳에는 어떻게 가죠?"

"네 왼쪽에 있는 길로 들어서서 똑바로 죽 가면 돼."

"하나만 더 말씀해 주세요. 물고기 님은 밤낮으로 바다를 헤엄치시죠, 그렇죠? 혹시 제 아버지가 타고 계신 작은 배를 보셨나요?"

p.136 "그것은 분명히 간밤의 폭풍에 집어삼켜졌을 거야."

"그러면 우리 아버지는 어떻게 되셨어요?"

"지금쯤이면 아마도 무시무시한 상어에게 잡아먹혔을걸. 그 상어는 지난 며칠 동안 이 바다에 공포를 몰고 왔거든."

"이 상어가 큰가요?" 피노키오가 공포로 벌벌 떨며 물었다.

"그 상어는 5층 건물보다 더 크단다. 상어는 입이 아주 크고 아주 깊어서 기차 한 대가 전부 쉽게 그 안으로 들어갈 수 있지."

"오, 이런!" 피노키오가 죽을 만큼 겁을 먹고 소리쳤다. 피노키오는 가능한 빨리 옷을 입었다.

"안녕히 가세요, 물고기 님." 피노키오가 말했다. "물고기 님의 친절에 정말 감사드려요."

그러고 나서 피노키오는 자신의 왼쪽 길로 들어섰다. 30분 정도 걸어간 후, 피노키오는 부지런한 꿀벌들의 섬이라고 불리는 작은 나라에 도착했다. p.137 거리는 이리저리 뛰어다니는 사람들로 가득했다. 모두 뭔가 할 일이 있었다. 단 한 명의 게으른 사람조차 발견할 수 없었다.

바로 그때 기진맥진한 채 온 몸에 땀을 흘리며 한 남자가 지나갔다. 그는 석탄이 가득한 두 대의 무거운 짐수레를 힘겹게 끌고 있었다.

피노키오는 그를 쳐다보고 그가 친절한 사람처럼 보인다고 생각했다.

"실례합니다." 피노키오가 부끄러워하며 눈을 내리뜨고 말했다. "저에게 1페니만 주실 수 있으세요? 배고파서 기절할 지경이에요."

"4페니를 줄게." 석탄을 운반하는 사람이 말했다. "만약 이 두 대의 짐마차를 끄는 것을 도와준다면 말이야."

"저는 당나귀가 아니에요." 피노키오가 몹시 화를 내며 말했다. p.138 "저는 짐마차를 끌어 본 적이 한 번도 없어요."

"얘야, 만약 네가 정말로 배가 고파 쓰러질 지경이라면, 네 자부심 두 조각을 먹으렴. 그것들이 너를 소화 불량에 걸리게 하지 않으면 좋겠구나."

채 30분도 안 되어, 적어도 스무 명의 사람들이 지나갔고, 피노키오는 각각에게 약간의 돈이나 음식을 구걸했다.

"부끄럽지도 않니?" 그들은 모두 대답했다. "거리에서 거지가 되는 대신 일을 해서 직접 네가 먹을 것을 왜 벌려고 하지 않는 거니?"

마침내 어느 작은 여자가 두 개의 물병을 들고 지나갔다.

"아주머니, 아주머니의 물병 중 하나에서 물을 마시도록 허락해 주시겠어요?" 피노키오가 물었다.

"그렇게 하렴, 얘야!" 그녀가 두 개의 물병을 피노키오 앞의 땅에 내려놓으며 말했다.

피노키오는 꿀꺽꿀꺽 물을 마셨다.

p.139 "고맙습니다." 피노키오가 말했다. "제 갈증이 사라졌어요. 저의 배고픔도 그렇게 쉽게 면하게 된다면 좋을 텐데요!"

"나를 도와 이 물병을 집까지 운반해 준다면, 내가 너에게 빵 한 조각을 주마."

피노키오는 물병을 바라보고 아무 말도 하지 않았다.

"또한 흰 소스를 얹은 맛좋은 꽃양배추 요리도 줄게."

피노키오는 물병을 다시 한번 쳐다보고서는 아무 말도 하지 않았다.

"꽃양배추 요리를 먹고 나면 케이크와 잼도 줄게."

"아주머니를 위해 물병을 나르겠어요." 마침내 피노키오가 말했다.

그들이 집에 도착했을 때, 작은 여자는 피노키오에게 자신이 약속한 모든 음식을 주었다.

p.140 모든 것을 게걸스럽게 먹은 후, 피노키오는 자신의 친절한 은인에게 고맙다고 하려고 머리를 들었다. 그렇게 하다가 피노키오는 놀라서 큰 소리를 질렀다.

"무슨 일이니?" 착한 여자가 웃으며 물었다.

"왜냐하면……" 피노키오가 말을 웅얼거리고 더듬거리며 대답했다. "왜냐하면…… 아주머니가 청록색 머리카락의 요정님처럼 보여서요! 오, 나의 작은 요정님! 제발 요정님이 맞다고 말씀해 주세요!"

피노키오, 착해지겠다고 요정에게 약속하다

p.141 "요 꼬마 장난꾸러기야! 나라는 것을 어떻게 알았니?" 요정이 웃으며 말했다.

"요정님에 대한 제 사랑이 요정님이 누구인지 보여 주었어요."

"내가 어린 소녀였을 때 너는 나를 떠났고, 이제 나는 성인 여자가 되었단다. p.142 네 어머니가 될 만큼 나이가 들었지!"

"그러면 요정님을 누나가 아니라 어머니라고 불러도 되겠네요. 저는 언제나 어머니를 원했어요. 어떻게 그렇게 빨리 자랐죠?"

"그것은 비밀이야!"

"말씀해 주세요. 저도 자라고 싶어요."

"하지만 너는 자랄 수 없어." 요정이 말했다.

"왜 안 돼요?"

"왜냐하면 꼭두각시는 절대로 자라지 않으니까. 너는 꼭두각시로 태어났고 꼭두각시로 죽을 거야."

"오, 저는 꼭두각시로 있는 것이 지겨워요!" 피노키오가 소리쳤다. "다른 모든 사람이 그러는 것처럼 저는 사람으로 자라고 싶어요."

"그러면 네가 그럴 자격이 있다면 그렇게 되겠지."

"정말요? 그럴 자격이 있으려면 제가 무엇을 해야 하나요?"

"간단하지. 행실이 바른 아이가 되려고 노력하거라."

"제가 행실이 바른 아이라고 생각하지 않으세요?"

p.143 "거리가 멀지. 착한 아이라면 말을 잘 듣지만, 너는……."
"말을 안 듣지요."
"착한 아이라면 공부하고 일하는 것을 아주 좋아하지만, 너는……."
"저는 게으른 아이고 1년 내내 떠돌아다니지요."
"착한 아이라면 언제나 진실을 말하지."
"하지만 저는 언제나 거짓말을 해요."
"착한 아이는 즐겁게 학교에 간단다."
"하지만 저는 학교에 가면 몸이 아프죠. 이제부터는 달라질게요."
"약속하니?"
"약속해요. 저는 착한 아이가 되고 우리 아버지에게도 위안의 대상이 되고 싶어요. 가엾은 우리 아버지가 지금 어디에 계시는지 아세요?"
"아니."
"아버지를 다시 보게 될까요?"
p.144 "반드시 그럴 거야."
이 대답을 듣고, 피노키오는 요정의 손을 잡고 입을 맞추었다.
"그렇다면 내일부터 매일 학교에 갈 거니?" 요정이 말했다.
피노키오의 얼굴이 약간 어두워졌다.
"왜 시무룩한 얼굴이지?" 요정이 말했다.
"이제 학교에 다니기에는 너무 늦은 것 같다는 생각을 하고 있는 중이에요."
"아니야. 배우는 것에는 너무 늦은 법이 없단다."
"그러면 저는 일도 할 것이고 공부도 할 거예요. 제게 말씀하시는 모든 것을 할 거예요."

피노키오, 무시무시한 상어를 보러 바닷가로 가다

p.145 다음날 아침, 피노키오는 학교를 향해 출발했다. 꼭두각시가 교실 안으로 들어서는 것을 보고 사내아이들은 너무 웃다가 울음이 나올 지경이었다. 그들은 모두 피노키오를 놀렸다. 한 아이는 피노키오의 모자를 벗겼고, 다른 아이는 피노키오의 외투를 잡아당겼으며, 다른 아이들은 피노키오의 코밑에 수염을 칠하려고 했다.

p.146 한동안 피노키오는 아주 차분했다. 그러나 마침내 피노키오는 모든 인내심이 바닥나서 괴롭히는 아이들 중 한 명의 정강이를 발로 차고 다른 아이를 팔꿈치로 찔렀다.

"오, 이 녀석의 발은 아주 딱딱해!" 한 소년이 꼭두각시가 자신을 발로 찬 자리를 문지르며 소리쳤다.

"그리고 팔꿈치도! 그것은 발보다 더 딱딱해!" 얻어맞은 다른 아이가 소리쳤다.

그 발길질과 주먹질로 피노키오는 모두의 호감을 얻었다.

며칠이 몇 주가 되면서 심지어 선생님들조차도 피노키오를 칭찬했다. 피노키오는 주의력이 깊었고, 열심히 공부했으며, 정신을 바짝 차렸다. 꼭두각시의 유일한 단점은 친구가 너무 많다는 것이었다. 친구들 가운데에는 악명 높은 개구쟁이들이 많이 있었는데, 그들은 공부하는 것이나 성공에 관해서는 전혀 신경 쓰지 않았다.

p.147 "조심해라, 피노키오!" 선생님과 요정이 꼭두각시에게 경고를 하곤 했다. "그 나쁜 친구들은 조만간 공부에 대한 너의 애정을 잃게 만들 거야. 어느 날 그들은 너를 잘못된 방향으로 이끌 거야."

"그럴 위험은 없어요." 피노키오가 어깨를 으쓱하며 대답했다.

어느 날, 피노키오가 학교로 걸어가고 있을 때, 몇몇 사내아이들이 그에게 달려오고 있었다.

"소식 들었니?" 그들 중 한 명이 물었다.

"무슨 소식?"

"바닷가 근처에 상어가 있어. 사람들이 그 상어가 산처럼 크대."

"정말이니? 우리 아버지를 삼킨 놈일 수도 있겠다."

"그 상어를 보러 우리와 같이 갈래?"

"아니. 나는 학교에 가야 해."

p.148 "왜 학교에 대해 신경 쓰니?"

"선생님이 뭐라고 하시겠어?"

"투덜대시게 놔둬. 누가 신경이나 쓴대?"

"우리 엄마는?"

"엄마들은 아무것도 몰라."

"나도 상어가 보고 싶지만, 방과 후에 갈래."

"하지만 물고기가 그곳에 오랫동안 머무르지 않을지도 몰라."

"여기에서 바닷가까지 얼마나 걸리니?" 꼭두각시가 물었다.

"한 시간이면 갔다가 돌아와."

"그러면 아주 좋아. 누가 먼저 그곳에 도착하는지 알아보자!" 피노키오가 말했다. 그 말과 함께, 꼭두각시는 바람처럼 달리기 시작했고, 다른 사내아이들은 그를 따라갔다.

피노키오, 체포되다

p.149 피노키오와 그의 친구들이 바닷가에 도착했을 때, 상어가 나타날 조짐은 없었다.

"상어는 어디에 있니?" 피노키오가 친구들에게 몸을 돌리며 물었다.

p.150 "아마도 아침 식사를 하러 갔겠지." 그들 중 한 명이 웃으며 말했다.

"오, 어쩌면. 잠깐 낮잠 자러 갔을지도 몰라." 다른 아이가 낄낄거리며 말했다.

그 대답과 대답에 이어진 웃음으로부터 피노키오는 그 사내아이들이 자신을 놀렸다는 것을 깨달았다.

"농담하는 거야?" 피노키오가 물었다.

"오, 너를 놀리는 거야!" 괴롭히는 친구들이 소리쳤다.

"그러면 그게······?" 피노키오가 물었다.

"우리가 네가 학교에 가지 못하도록 우리와 함께 있게 한 거야. 늘 그렇게 열심히 공부하는 것이 부끄럽지도 않아? 너는 조금도 놀지 않잖아."

"그런데 내가 공부를 열심히 하건 말건 너희가 왜 신경을 쓰는 건데?"

"모르겠어? 너는 공부를 하고 우리는 안 하면 우리가 나빠 보이잖아."

"내가 어떻게 하기를 바라니?"

"학교, 책, 선생님을 미워해. 우리가 모두 그러는 것처럼."

p.151 "만약 내가 공부를 계속하면 나에게 어떻게 할 건데?"

"대가를 치르게 되겠지!"

"정말로 너희들 웃기는구나." 피노키오가 고개를 흔들며 대답했다.

"이봐, 피노키오, 이제 그만하면 됐어." 그들 중 가장 키 큰 친구가 말했다. "네가 네 자신을 뽐내는 것을 듣기도 지겨워!"

그리고 그 말과 함께, 그 아이는 피노키오의 머리를 때렸다.

피노키오는 주먹질로 대답했고, 그것은 싸움의 시작에 대한 신호였다. 비록 혼자였지만, 피노키오는 용감하게 스스로를 방어했다. 피노키오가 자신의 나무로 만든 발로 아주 재빠르게 싸워서 그의 상대들은 멀리 떨어져 있어야 했다. 피노키오가 어디를 한 방 먹이든 사내아이들은 도망치고 소리를 지르기만 할 수 있을 뿐이었다.

p.152 피노키오에게 가까이 갈 수 없는 것에 격분하여 사내아이들 중 한 명이 멀리서 그에게 책을 던졌다. 그것은 커다란 산수책이었고, 피노키오의 것이었다. 그러나 피노키를 때리는 대신 책은 다른 사내아이들 중 한 명을 맞히고 말았다.

"오, 엄마, 도와주세요!" 그 아이가 소리를 지르고 의식을 잃은 채 땅에 쓰러졌다.

그 창백한 작은 몸을 보고 사내아이들은 도망쳤다. 피노키오는 뒤에 남은 유일한 사람이었다. 비록 두려워서 죽을 지경이었지만, 피노키오는 바다로 달려가서 시원한 바닷물에 손수건을 적시고 그것으로 자신의 불쌍한 작은 친구의 이마를 닦아 주었다.

"에우게네! 가엾은 에우게네!" 피노키오가 비통하게 흐느끼며 소리쳤다. "눈을 떠 봐! 왜 대답을 하지 않니?"

피노키오가 울고 신음하고 자신의 머리를 때렸다. 계속해서 피노키오는 자신의 작은 친구를 흔들었는데, 그때 갑자기 피노키오는 다가오는 육중한 발걸음 소리가 들렸다.

p.153 피노키오가 올려다보니 두 명의 키 큰 경관이 보였다.

"땅 위에서 무엇을 하고 있는 거니?" 그들이 피노키오에게 물었다.

"제 친구를 돕고 있어요."

"기절했나?"

"그런 것 같아." 에우게네를 살펴보려고 몸을 구부리며 경관들 중 한 명이 말했다. "이 아이는 관자놀이를 맞았군. 누가 때렸지?"

"저는 아니었어요." 피노키오가 더듬거렸다.

"네가 아니었다면, 누구였지?"

"저는 아니었어요." 피노키오가 되풀이했다.

"그런데 무엇으로 맞았지?"

"이 책으로요." 그리고 피노키오는 경관에게 산수책을 보여 주기 위해 책을 집어 올렸다.

"이것은 누구의 책이지?"

"제 책이요."

p.154 "그것이면 충분하군! 일어나서 우리와 함께 가자."

"하지만 저는 결백해요."

"우리와 함께 가자!"

출발하기 전에, 경관들은 몇 명의 지나가는 어부들을 불렀다.

"이 다친 소년을 돌봐 주시오." 그들이 말했다.

그런 다음 그들은 피노키오를 붙잡고 자신들 사이에 세웠다.

"가자!" 그들이 거칠게 말했다.

피노키오는 아픔을 느꼈다. 피노키오의 다리는 떨렸고, 혀는 침이 말랐으며, 단 한마디도 입 밖에 낼 수 없었다. 그러나 마비에도 불구하고, 피노키오는 착한 젊은 요정의 집 창문 아래를 지날 생각에 고통스러웠다. 자신이 두 명의 경관에게 끌려가는 것을 보면 요정은 무엇이라고 말할 것인가?

그들이 막 마을에 도착했을 때, 갑작스러운 돌풍이 피노키오의 모자를 날려 버렸다. 모자는 거리 아래로 멀리 날아갔다.

p.155 "제 모자를 쫓아가도록 허락해 주시겠어요?" 피노키오가 경관들에게 물었다.

"가 봐. 하지만 서둘러라."

피노키오는 가서 자신의 모자를 주웠다. 하지만 모자를 자신의 머리에 쓰는 대신 피노키오는 모자를 자신의 이빨 사이에 끼운 다음 바다를 향해 달렸다.

피노키오를 잡는 것이 불가능할 거라고 판단하고 경관들은 커다란 매스티프를 보내 그를 뒤쫓게 했다. 피노키오는 가능한 한 빨리 달렸으나, 개는 더 빨랐다. 개는 크게 짖었고, 사람들은 무슨 일이 일어나고 있는지 보려고 창문 밖을 내다보거나 거리로 모였다. 하지만 그들은 아무것도 볼 수 없었는데, 개와 피노키오가 길에서 너무 많은 먼지를 일으켜 잠시 후에는 그들을 보는 것이 불가능했기 때문이었다.

피노키오, 물고기처럼 프라이팬에서 튀겨질 위험을 겪다

p.156 알리도로(그것은 그 매스티프의 이름이었다.)가 거의 피노키오

를 잡을 뻔했을 때쯤, 피노키오는 바닷가 아주 가까이에 있었다. 바닷가에 발을 딛자마자, 피노키오는 껑충 뛰어 물로 뛰어들었다. 알리도로는 너무 빨리 달리고 있었기 때문에 제때에 멈출 수가 없어서 그 역시 바다의 저 먼 곳에 닿고 말았다. p.157 이상하게 보일지도 모르는 일이기는 하지만, 알리도로는 수영을 할 수 없어서 가라앉기 시작했다.

"나는 물에 빠져 죽고 있어!" 알리도로가 짖어댔다.

"그러면 빠져 죽어 버려!" 피노키오가 자신의 탈출에 기뻐하며 멀리서 대답했다.

"도와줘, 피노키오! 나를 죽게 내버려두지 마!"

어쨌거나 아주 친절한 마음씨를 지닌 피노키오는 고통의 외침을 무시할 수 없었다.

"하지만 내가 너를 도와주면, 나를 뒤쫓지 않겠다고 약속해 줄래?" 피노키오가 개에게 말했다.

"약속할게! 하지만 서둘러 줘!"

피노키오는 알리도로에게 헤엄쳐 가서 그의 꼬리를 잡고 그를 해안으로 끌고 갔다.

경관에게 잡힐 위험을 무릅쓰기를 바라지 않던 피노키오는 다시 한번 바다로 뛰어들었다.

p.158 "잘 가, 알리도로." 피노키오가 말했다.

"잘 가, 피노키오." 매스티프가 대답했다. "내 목숨을 구해 줘서 정말정말 고마워. 언제라도 네가 도움이 필요하면, 내가 꼭 너를 도와주러 그곳으로 갈게."

피노키오는 마침내 동굴 입구를 볼 때까지 바닷가 가까이로 계속 헤엄쳤다. 나선형의 연기가 그 안에서 올라오고 있었다.

"저 동굴 안에 불이 있는 것이 분명해." 피노키오가 혼자 중얼거렸다. "내 옷을 말리고 몸도 녹여야지."

피노키오는 동굴을 향해 헤엄쳤다. 하지만 그때 피노키오는 자신의 아래에 있던 무엇인가가 자신을 점점 더 높이 들어 올리는 것을 느꼈다. 아주 놀랍게도, 피노키오는 자신이 커다란 그물 안에서 빠져나오려고 필사적으로 애쓰고 있는 온갖 종류와 크기의 물고기들 무리 가운데에 있다는 것을 알았다.

그때 피노키오는 어부 한 사람이 동굴 밖으로 나오는 것을 보았다. 어부가 아주 못생겨서 피노키오는 그가 바다 괴물이라고 생각했다. p.159 어부의 머리는 두꺼운 초록 풀 덤불로 덮여 있었다. 어부의 피부, 눈, 턱수염은 모두 초록색이었다. 어부는 팔과 다리가 달린 거대한 도마뱀처럼 보였다.

"맙소사!" 초록색 어부가 그물 안의 물고기들을 훑어보며 말했다. "오늘은 근사한 물고기 요리를 먹겠구나!" 그때 어부는 피노키오를 보았다. "이것은 무슨 종류의 물고기지? 요런 것은 여태껏 한 번도 본 적이 없는데."

초록색 어부는 피노키오를 자세히 살펴보고 자꾸만 피노키오를 빙글빙글 돌렸다.

"알겠다! 그 녀석은 게야!" 어부가 말했다.

피노키오는 게라고 여겨지는 것에 굴욕감을 느꼈다.

"저는 게가 아니에요! 저를 다루는 방법에 주의하세요! 저는 꼭두각시예요!"

"꼭두각시라고?" 어부가 말했다. "나에게 있어서 꼭두각시 물고기는 완전히 새로운 종류의 물고기야. p.160 네 녀석이 어떤 맛이 날지 알아보고 싶어 참을 수가 없구나."

"저를 드시겠다고요? 제가 물고기가 아니라는 것을 이해하지 못하시는 거예요? 제가 아저씨처럼 말을 하고 생각하는 것이 안 들리세요?"

"그것은 사실이지." 어부가 대답했다. "하지만 네가 나처럼 말하고 생각할 수 있는 물고기라는 것을 알기 때문에 응당 받아야 할 존중하는 마음을 가지고 너를 대우해 줄게. 내가 너에게 어떻게 요리되기를 원하는지 선택하도록 해 주마. 프라이팬에서 튀겨지기를 원하니, 아니면 토마토소스와 함께 요리되는 것이 더 좋으니?"

"집으로 가는 것이 훨씬 더 낫겠어요!" 피노키오가 대답했다.

"사람이 꼭두각시 물고기를 먹게 되는 것은 날마다 있는 일이 아니야. 나는 다른 물고기들과 함께 너를 프라이팬에서 튀길 거야. 나는 네가 그것이 마음에 들 것이라고 확신해. 좋은 친구들과 함께 있는 것은 언제나 좋은 일이니까."

피노키오는 눈물을 흘리고 울부짖고 애걸복걸하기 시작했다. 초록색 어부는 밧줄을 가져와 피노키오의 손발을 묶고 그를 다른 물고기들과 함께 수조의 바닥으로 던졌다.

p.161 그런 다음 초록색 어부는 찬장에서 밀가루가 가득 담긴 나무 그

릇을 꺼냈다. 어부는 그 안에 물고기들을 한 마리씩 굴렸다. 일단 물고기들에 밀가루 옷이 입혀지자마자 어부는 그것들을 프라이팬 안에 던졌다. 그런 다음 초록색 어부는 피노키오를 그릇 안에 던지고 분필로 만들어진 꼭두각시처럼 보일 때까지 그를 밀가루 속에서 계속해서 굴렸다.

피노키오, 요정의 집으로 돌아오다

p.162 피노키오는 눈을 감고 자신의 죽음을 기다렸다.

갑자기 난데없이 커다란 개 한 마리가 동굴 안으로 달려 들어왔다.

"나가!" 어부가 소리쳤다.

하지만 개는 몹시 배가 고팠다.

"한입 가득 물고기를 주세요. 그러면 떠날게요."

p.163 "나가!" 어부가 되풀이해서 말했다.

어부는 개에게 발길질을 하려고 발을 뒤로 뺐다.

이미 배고픔에 반쯤 미쳐버린 개는 화를 내며 어부를 향해 몸을 돌렸고 자신의 무시무시한 송곳니를 드러냈다. 그리고 그 순간, 개는 비참한 작은 목소리를 들었다.

"살려 줘, 알리도로!" 피노키오가 말했다. "그러지 않으면 어부 아저씨가 나를 튀길 거야!"

개는 즉시 피노키오의 목소리를 알아차렸다. 한 번 크게 뛰어올라 개는 피노키오를 입에 물었다. 피노키오를 자신의 이빨 사이로 가볍게 물고, 개는 문을 통과하여 번개처럼 사라졌다.

마을로 이어지는 길을 발견하자마자, 알리도로는 걸음을 멈추고 피노키오를 살살 땅에 내려놓았다.

p.164 "정말로 고마워!" 피노키오가 말했다.

"나에게 고마워할 필요 없어." 개가 대답했다. "너는 내 목숨을 한 번 구해 주었고, 받은 것은 언제나 돌려받기 마련이야. 우리는 서로 돕기 위해 이 세상에 존재하는 거야."

"그런데 그 동굴에는 어떻게 왔니?"

"나는 살아 있다기보다는 죽은 것처럼 모래 위에 누워 있었는데, 입맛을 돋우는 튀긴 생선 냄새가 솔솔 났어. 그 냄새는 내 배고픔을 자극했고, 나는 그것을 따라왔지."

알리도로는 웃고 자신의 발을 피노키오에게 내밀었다. 피노키오는 이제 자신과 개가 좋은 친구임을 느끼며 맹렬히 그 발을 흔들었다. 그런 다음 그들은 서로에게 작별 인사를 했고, 개는 집으로 갔다.

피노키오는 근처의 어느 작은 오두막집을 향해 걸어갔는데, 그곳에는 한 노인이 문가에 앉아 있었다.

"말씀해 주세요, 할아버지." 피노키오가 말했다. "에우게네라는 이름의 머리를 다친 가엾은 사내아이에 대해 뭔가 들으신 것이 있으세요?"

p.165 "그 아이는 이 오두막집으로 옮겨져 왔고 지금은……."

"지금은 그 아이가 죽었나요?" 피노키오가 슬퍼하며 물었다.

"아니다. 그 아이는 살아 있고 벌써 집으로 갔단다."

"정말이요? 정말이요?" 피노키오가 기뻐 날뛰며 소리쳤다. "그러면 그 상처는 심각하지 않았나요?"

"하지만 그럴 수도 있었지……. 그리고 치명적일 수도 있었고." 노인이 대답했다. "아주 무거운 책이 그 아이의 머리에 던져졌거든."

"누가 그 책을 던졌는데요?"

"피노키오라는 이름의 그 아이의 친구였어."

"이 피노키오라는 아이는 누구인데요?" 피노키오가 모른 체하며 물어보았다.

"그 아이는 개구쟁이 떠돌이라고 하더라."

"그것은 거짓말이에요!"

p.166 "피노키오를 아니?"

"전에 본 적이 있어요."

"그러면 너는 그 아이가 어떻다고 생각했니?" 노인이 물었다.

"제 생각에 피노키오는 아주 착한 아이예요. 공부하는 것을 좋아하고 자기 아버지와 그의 온 가족의 말을 잘 따르고 친절하고요……."

노인에게 자신에 관해서 엄청난 거짓말을 할 때, 피노키오는 자신의 코가 원래 길이보다 두 배나 길다는 것을 깨달았다. 정신을 잃을 정도로 깜짝 놀라서 피노키오는 거짓말을 그만하기로 결정했다.

"제 말을 듣지 마세요, 할아버지!" 피노키오가 말했다. "제가 한 좋은 이야기들은 모두 사실이 아니에요. 저는 피노키오를 아주 잘 아는데, 그 아이는 아주 못된 아이예요. 그 아이는 게으르고 말도 잘 안 듣지요. 학교에 가는 대신 친구들과 함께 놀기 위해 도망친답니다."

이 말을 하고 나자 피노키오의 코는 원래의 크기로 돌아왔다. 피노키오는 노인에게 작별 인사를 하고 요정의 집을 향해 출발했다. p.167 피노키오는 밤늦게 집에 도착했다. 그때는 아주 어두워서 아무것도 보이지 않았으며, 비가 억수같이 내리고 있었다. 피노키오는 곧장 요정의 집으로 가서 살짝 문을 두드렸다.

맨 꼭대기(그 집은 4층짜리였다.)의 창문 하나가 열려 있었고, 피노키오는 커다란 달팽이가 그곳에서 밖을 내다보고 있는 것을 보았다. 달팽이의 머리 위로 불빛 하나가 은은히 빛났다.

"이렇게 늦은 시간에 누가 문을 두드리지?" 달팽이가 물었다.

"요정님은 집에 계세요?" 피노키오가 질문으로 대답했다.

"요정님은 주무셔. 방해받고 싶지 않아 하신단다. 너는 누구니?"

"피노키오예요."

"오, 알았다." 달팽이가 말했다. "거기서 나를 기다려. 내가 내려가서 너를 위해 문을 열어 줄게."

p.168 "서둘러 주세요. 이 아래는 꽁꽁 얼어붙을 것처럼 추워요."

"얘야, 내가 달팽이라는 것을 기억하렴. 달팽이들은 절대로 서두르지 않아."

한 시간이 지나고, 또 한 시간이 지나도 문은 여전히 닫혀 있었다. 등에 차가운 비를 맞아 덜덜 떨면서 피노키오는 두 번째로 문을 두드렸다.

문 두드리는 소리에 3층의 창문이 열렸고 예의 그 달팽이가 밖을 내다보았다.

"작은 달팽이 님, 저는 두 시간째 기다리고 있어요!" 피노키오가 거리에서 말했다. "저는 아주 추워요. 서둘러 주세요, 제발요!"

"얘야." 달팽이가 차분한 목소리로 말했다. "나는 달팽이고 달팽이들은 절대로 서두르지 않아."

동이 틀 무렵에 마침내 문이 열렸다. 달팽이는 4층에서 거리에 도착하는 데 정확히 9시간이 걸렸다. 그 무렵 피노키오는 기절해서 문 앞에 뻗어 있었다.

p.169 의식을 회복했을 때, 피노키오는 자신이 소파 위에 있고 요정이 자기 곁에 앉아 있다는 것을 알았다.

"너를 다시 용서해 줄게." 요정이 말했다. "하지만 다시는 말썽에 말려들지 마라."

피노키오는 열심히 공부하고 얌전하게 처신하겠다고 약속했다. 그리고 이번에 피노키오는 연말까지 자신의 약속을 지켰다. 그런 다음, 피노키오는 모든 시험에서 일등으로 통과했다.

"내일이면 네 소원이 실현될 거야." 피노키오의 학교 성적표를 훑어보더니 요정이 자랑스러워하며 말했다.

"무슨 소원이요?"

"내일 너는 진짜 사내아이가 될 거야."

피노키오는 흥분했다.

"축하하기 위해 제 친구들을 다 초대해도 돼요?" 피노키오가 물었다.

"그래. 그러면 나는 우유를 탄 커피 200잔과 앞뒤로 버터를 바른 400장의 빵을 준비해 줄게."

피노키오, 장난감 나라로 도망치다

p.171 "초대장을 나눠 주러 나가 봐도 돼요?" 피노키오가 요정에게 물었다.

"물론이지. 하지만 어두워지기 전에 돌아와야 한다는 것을 명심해라."

"한 시간 후에 돌아올게요. 약속드려요." 꼭두각시가 대답했다.

"조심해라, 피노키오! 사내아이들은 아주 쉽게 약속하지만, 그만큼 아주 쉽게 잊기도 한단다."

p.172 "하지만 저는 다른 아이들과는 달라요. 저는 이제 약속을 잘 지켜요."

"두고 보자꾸나. 만약 네가 약속을 안 지킨다면, 다른 누구도 아닌 네가 고통을 받는 사람이 될 테니까."

"왜요?"

"어른들의 말을 듣지 않는 아이들은 언제나 고생하거든."

"저는 어렵게 그것을 배웠어요." 피노키오가 말했다. "하지만 지금은 어른들 말씀을 잘 들어요."

피노키오는 착한 요정에게 다녀오겠다고 말하고 집을 나섰다.

한 시간이 조금 지나서 피노키오의 모든 친구들은 초대를 받았다.

현재 모든 사내아이들 중에서 피노키오의 가장 친한 친구는 로메오였다. 모두들 로메오를 램프 심지라고 불렀는데, 그가 길쭉하고 말랐으며 애처로운 표정을 짓고 있었기 때문이었다.

램프 심지는 학교에서 가장 게으른 아이였으며 가장 말썽꾸러기였으나, 피노키오는 그를 가장 좋아했다.

p.173 그날 피노키오는 파티에 그를 초대하려고 자기 친구 집으로 곧장 갔지만, 램프 심지는 집에 없었다.

피노키오는 모든 곳을 찾아 다녔고, 마침내 어느 농부의 짐마차 근처에 숨어 있는 그를 발견했다.

"여기서 무엇을 하고 있니?" 피노키오가 미소를 짓고 램프 심지에게 달려가며 물었다.

"자정을 알리는 종이 치기를 기다리고 있어."

"왜?"

"멀리, 아주 멀리 가려고!"

"하지만 너는 가면 안 돼! 좋은 소식 못 들었어? 내일이면 내가 너와 다른 모든 내 친구들처럼 진짜 아이가 될 거야."

"그거 아주 잘 됐다! 네 일에 관해서라면 나도 아주 기뻐!"

"그러니까 내일 내 파티에 올 거지?"

p.174 "하지만 내가 말했잖아. 나는 오늘 밤에 떠날 거야."

"어디로 가려고?"

"장난감 나라로. 그곳은 이 세상에서 가장 근사한 나라야! 나와 함께 가자, 피노키오!"

"나? 아니, 나는 못 가!"

"너는 큰 실수를 하고 있는 거야, 피노키오. 내 말을 믿어. 만약 가지 않는다면 너는 몹시 후회하게 될 거야. 그곳은 너와 나 같은 아이들에게는 최고의 장소거든. 장난감 나라에는 학교가 없어. 그 근사한 장소에는 공부 같은 것이 없어. 여기에서는 수업이 없는 날이 토요일뿐이잖아. 장난감 나라에서는, 일요일을 제외한 매일이 토요일이야. 방학은 1월 1일에 시작해서 12월 마지막 날에 끝나지. 나에게는 완벽한 곳이야! 모든 나라들은 그렇게 되어야 해. 우리는 그곳에서 아주 행복할 거야!"

"장난감 나라에서는 사람들이 어떻게 하루를 보내?"

p.175 "낮은 놀이와 오락으로 보내지. 밤이면 행복하고 만족한 채로 자러 가고, 그 다음날 아침 좋은 시간들이 전부 다시 시작되는 거야. 그것에 대해 어떻게 생각해?"

"음!" 피노키오는 "마치 내가 항상 바라 왔던 종류의 생활이군."이라고 말하는 듯 나무로 만들어진 머리를 끄덕였다.

"그러니까 너도 나와 함께 갈 거지? 그런 거야, 아닌 거야? 너는 결정을 해야만 해."

"아니, 안 돼!" 약간 망설인 후에 피노키오가 말했다. "나는 친절한 나의 요정님에게 착한 아이가 되겠다고 약속했고, 그 약속을 지키고 싶어. 이제 해가 지고 있어. 그리고 나는 너를 떠나 집으로 달려가야 해. 잘 가, 행운을 빌어!"

"왜 그렇게 서두르는 거야?"

"착한 요정님이 밤이 되기 전에 내가 집으로 돌아오기를 원하셔."

p.176 "딱 2분만 나와 함께 기다려 줘."

"하지만 이미 너무 늦었어!"

"딱 2분만이야, 피노키오!"

"요정님이 나를 혼내시면 어쩌지?"

"너를 혼내시게 그냥 둬. 너를 영원히 혼내시지는 않을 거야." 램프 심지가 말했다.

"너 혼자 가니, 아니면 다른 아이들도 몇 명 같이 가니?"

"우리 같은 아이들이 백 명도 넘을 거야!"

"그곳으로 걸어갈 거니?"

"자정에 사람들을 그 굉장한 나라의 국경 안으로 데려다줄 마차가 여기로 지나가."

"너희 모두가 함께 출발하는 것을 보고 싶구나."

"나와 함께 있으면 우리를 보게 될 거야!"

"아니, 안 돼. 나는 집에 가야 해."

"딱 2분만 더 기다려."

"이미 너무 오래 기다렸어. 요정님이 걱정하실 거야."

p.177 "가엾은 요정님! 박쥐들이 너를 잡아먹기라도 할까 봐 걱정하시는 거니?"

"잘 들어, 램프 심지." 피노키오가 말했다. "장난감 나라에는 학교가 없다는 것을 정말로 확신하니?"

"학교의 그림자조차도 없다니까."

"선생님들은 계시니?"

"아니."

"그리고 우리는 절대 공부하지 않아도 되는 거야?"

"절대, 절대로 그럴 일은 없어!"

"참 멋진 나라구나!" 피노키오는 구미가 당기는 것을 느끼며 말했다. "참 아름다운 나라구나! 그곳에 가 본 적은 없지만, 나는 내 머릿속에서 그곳을 선명히 볼 수 있어."

"왜 같이 가지 않니, 피노키오?"

"너는 나를 설득할 수 없어! 내가 네게 말했듯이 나는 착한 요정님께 바르게 처신하겠다고 약속드렸고, 나는 내 약속을 지킬 거야."

p.178 "그러면 잘 있어. 네가 다닐 문법학교, 고등학교, 그리고 대학교 내내 나를 기억해 줘."

"잘 가, 램프 심지. 안전한 여행이 되기를 바라고, 재미있게 지내고, 가끔은 네 친구들을 기억해 줘."

이 말과 함께, 피노키오는 집으로 향하기 시작했다. 몇 발자국 간 후에, 피노키오는 다시 한번 자기 친구에게 몸을 돌렸다.

"그 장난감 나라에서는 매주가 토요일 엿새와 일요일 하루로 구성되어 있다는 것이 확실한 거니, 램프 심지?" 피노키오가 말했다.

"그래, 확실해!"

"그리고 방학은 일 년 내내 계속되고?"

"그래, 아주 확실해!"

"정말 좋은 나라구나!" 피노키오는 다음에 무엇을 해야 할지 확신하지 못하고 말했다. 그런 다음 갑자기 단호하게, "잘 가, 마지막 인사야. 그리고 행운을 빌어."라고 말했다.

p.179 "잘 있어."

"갈 때까지 얼마나 남았니?"

"겨우 두 시간이 좀 넘게 남았을 뿐이야."

"안타깝구나! 한 시간쯤이라면 내가 너와 함께 기다려 줄 텐데."

"요정님은 어쩌고?"

"이미 늦었으니까 한 시간쯤 더 늦는다고 해도 달라지지는 않을 거야."

"가엾은 피노키오! 그런데 요정님이 혼내시면 어떡해?"

"오, 혼내시게 두지 뭐. 어느 순간에 이르면 그만두셔야 할 테니까."

그러는 동안 밤은 점점 더 어두워졌다. 그때 갑자기 작은 불빛이 멀리서 깜빡거렸다. 작은 종소리처럼 은은하고 모기가 윙윙거리는 소리처럼 희미하고 소리를 죽인 듯한 이상한 소리가 들렸다.

p.180 "저기 온다!" 램프 심지가 벌떡 일어나며 소리쳤다.

"뭐라고?" 피노키오가 말했다.

"나를 태우러 마차가 오고 있어. 마지막으로 묻겠는데, 나와 함께 갈래, 안 갈래?"

"그 나라에서는 아이들이 공부해야 할 필요가 없다는 것이 정말로 사실이지?"

"그래! 그래! 그래!"

"정말 좋고 근사하고 놀라운 나라구나! 오!"

피노키오, 다섯 달 동안 실컷 논 후에 깨어나서 깜짝 놀라다

p.181 마차가 마침내 도착했다. 열두 쌍의 당나귀들이 마차를 끌고 있었는데, 당나귀들은 모두 같은 크기였으나, 색깔은 모두 달랐다. 이상한 일은 모든 당나귀들이 발에 쇠 편자를 박는 대신 아이들이 신는 것과 똑같이 가죽으로 만들어진 끈이 달린 신발을 신고 있다는 것이었다.

p.182 마차의 마부는 약간 뚱뚱한 남자였다. 그는 버터 덩어리처럼 둥글고 번들거렸다. 그는 사과 같은 얼굴과 언제나 미소 짓는 작은 입과 고양이 소리처럼 작고 감언이설로 꾀는 듯한 목소리를 가지고 있었다.

그를 본 아이들이라면 누구라도 즉시 그를 좋아했다. 장난감 나라라고 불리는 그 아름다운 장소로 가는 마차에 타도록 허락받는 것보다 더 아이들을 만족시키는 것은 없었다.

마차는 이미 모든 연령의 아이들로 빽빽이 채워져 있었다. 아이들은 불편해 보였다. 그들은 층층이 겹쳐 포개어져 있었고, 거의 숨을 쉴 수도 없었다. 그러나 아무도 불평하지 않았다. 그들은 모두 학교도 없고, 책도 없고, 선생님도 없는 근사한 나라에 도착하기를 열망했다.

마차는 멈췄고, 약간 뚱뚱한 그 남자는 램프 심지에게 몸을 돌렸다.

p.183 "말해 보렴, 잘생긴 아이야." 그가 환한 미소를 지으며 말했다. "너도 또한 나의 근사한 나라로 가고 싶니?"

"네, 가고 싶어요."

"하지만 경고하는데, 얘야, 마차에는 더 이상 공간이 없단다. 꽉 찼어."

"상관없어요." 램프 심지가 대답했다. "안에 자리가 없다면, 마차 지붕에 앉을 거예요."

그리고 한 번 뛰어올라 램프 심지는 마차 지붕 위에 자리를 잡았다.

"너는 어떠니, 얘야?" 그 작은 남자가 피노키오에게 정중하게 몸을 돌리며 물었다. "우리와 함께 갈 거니, 아니면 여기에 있을 거니?"

"여기 있을 거예요." 피노키오가 대답했다. "저는 집에 가고 싶어요. 공부해서 인생에서 성공하는 것이 더 좋아서요."

"그러면 행운을 빈다!"

p.184 "피노키오!" 램프 심지가 외쳤다. "제발 내 말 좀 들어 봐. 우리와 함께 가자. 그러면 우리는 항상 행복할 거야."

"싫어, 싫어, 싫어!"

"우리와 함께 가자. 그러면 우리는 항상 행복할 거야." 마차에서 네 명의 다른 목소리가 외쳤다.

"우리와 함께 가자. 그러면 우리는 영원히 행복할 거야." 마차에서 백 명도 넘는 아이들이 모두 동시에 외쳤다.

"하지만 너희들과 함께 가면, 나의 착한 요정님이 뭐라고 하실까?" 피노키오가 물었다. 피노키오의 착한 결심은 흔들리고 약해지기 시작하고 있었다.

"너무 걱정하지 마. 그냥 아침부터 밤까지 우리가 원하는 것은 무엇이든 하도록 허락해 줄 나라로 간다는 것만 기억해."

피노키오는 대답하지 않았지만, 깊이 한숨을 쉬었다.

"나에게 공간을 만들어 줘." 마침내 피노키오가 말했다. "너희들과 함께 가겠어!"

p.185 "자리는 모두 찼어." 작은 남자가 대답했다. "하지만 내가 너를 얼마나 좋아하는지 보여 주기 위해서 나의 마부석을 너에게 내주마."

"아저씨는 어떡하고요?"

"나는 걸어가마."

"아니, 그것은 옳지 않아요. 저는 이 당나귀들 중 하나에 탈게요." 피노키오가 말했다.

피노키오는 첫 번째 당나귀에게 다가가 그것에 올라타려고 했다. 하지만 그 작은 동물은 갑자기 몸을 틀어 피노키오의 배에 끔찍한 발차기를 날렸다. 피노키오는 땅에 떨어져 공중으로 발을 향한 채 쓰러졌다. 전체 도망자들 일행은 큰 소리를 내어 웃었다.

작은 남자는 웃지 않았다. 그는 반항하는 동물에게 다가갔다. 여전히 미소를 지으며, 그는 당나귀에게 다정하게 몸을 굽히더니 그의 오른쪽 귀를 반쯤 물어뜯었다.

p.186 그러는 동안 피노키오는 땅에서 벌떡 일어났다. 한 번 뛰어올라 피노키오는 당나귀의 등에 올라탔다. 갑자기 작은 당나귀가 두 뒷다리로 발길질을 했다. 이 예기치 않은 움직임에, 가엾은 피노키오는 다시 한번 바로 그 길 한가운데에 몸을 쭉 펴고 눕고 말았다.

다시 아이들은 웃었지만, 작은 남자는 미소를 지은 채 당나귀에게 다가갔다. 다정한 입맞춤과 함께, 그는 당나귀의 왼쪽 귀를 물어뜯었다.

"이제 올라타도 된다, 얘야." 그가 피노키오에게 말했다. "걱정 마라. 그 당나귀는 무언가에 대해 걱정하고 있었지만, 이제 내가 그 녀석과 대화를 했고, 녀석은 진정됐단다."

피노키오는 올라탔고, 마차는 움직이기 시작했다. 몇 분 후, 피노키오는 누군가가 자신의 귀에 소곤거리는 소리를 들었다고 생각했다.

p.187 "어리석은 녀석아!" 그 목소리가 말했다. "너는 머지않아 후회하게 될 거야."

깜짝 놀란 피노키오는 누가 자신에게 소곤거리고 있는지 보려고 주위를 둘러보았지만, 아무도 보지 못했다. 당나귀들은 질주했고, 마차는 나아갔으며, 아이들은 잠을 잤고, 작은 남자는 졸리는 듯 노래를 불렀다.

1마일쯤 간 후에, 피노키오는 다시 한번 이전과 똑같은 희미한 목소리를 들었다.

"기억해라, 꼬마 바보 녀석아! 공부하기를 그만두고 모든 시간을 어리석은 짓과 놀이에 쏟는 아이들은 나중에 인생에서 슬픔과 마주하게 돼. 내가 지금 울고 있는 것과 똑같이 너에게도 비통하게 울 날이 올 거야! 하지만 그때는 너무 늦을 거야!"

이 소곤거리는 말에 피노키오는 더욱 더 깜짝 놀랐다. 그때 아주 놀랍게도 피노키오는 자신이 타고 있는 당나귀가 울고 있다는 것을, 아이처럼 울고 있다는 것을 눈치챘다!

p.188 "이봐요, 마부 아저씨!" 피노키오가 소리쳤다. "이 당나귀가 울고 있어요!"

"울게 내버려 두어라. 울 수 있는 이상한 당나귀에 관해서는 걱정하지 말거라."

다음날 동이 틀 무렵, 그들은 마침내 장난감 나라에 도착했다.

아주 좋은 이 나라는 세상의 어느 다른 장소들과도 완전히 달랐다. 그곳의 거주자들은 많기는 했지만, 완전히 사내아이들로만 구성되어 있었다. 가장 나이 많은 아이들은 약 열네 살 정도였고, 반면에 가장 어린 아이들은 여덟 살 정도였다. 거리는 귀청이 터질 것 같은 소음으로 가득했다. 도처에서 아이들의 무리가 함께 놀고 있었다. 어떤 아이들은 구슬치기를 했고, 반면에 다른 아이들은 사방치기 놀이를 했다. 어떤 아이들은 자전거를 탔고, 반면에 다른 아이들은 목마를 탔다. 어떤 무리들은 재주넘기를 했고, 반면에 다른 무리들은 노래를 하고 읊조렸다.

제복을 완전하게 차려입은 장군들이 마분지 군인 연대를 이끌고 지나갔다. p.189 웃음, 비명, 악쓰는 소리와 박수 소리가 이 행렬을 뒤따랐다. 한 아이는 암탉처럼 소리 냈고, 다른 아이는 수탉처럼 소리 냈으며, 세 번째 아이는 으르렁대는 사자를 흉내 냈다. 모두 함께, 그들은 심하게 아수라장을 만들어서 소리를 들으려면 모두들 서로에게 고함을 쳐야 했다.

많은 광장들은 나무로 만든 작은 극장들로 가득 차 있었고, 아침부터 밤까지 아이들로 넘쳤다. 집들의 벽에는 숯으로 다음과 같은 말이 적혀 있었다. 장난감 나라 만세! 산수는 없애라! 더 이상 수업은 싫다!

그 나라에 발을 들여놓자마자, 피노키오, 램프 심지, 그리고 그들과 함께 여행한 다른 모든 아이들은 여기저기 돌아다니기 시작했다. p.190 그들은 모든 장소를 돌아다니고 모든 구석과 모퉁이, 집과 극장을 들여다보았다. 그들은 곧 모두의 친구가 되었다.

그 모든 오락과 파티로 몇 시간, 며칠, 몇 주가 번개처럼 지나갔다.

"오, 참 멋진 인생이야!" 피노키오는 자신의 친구 램프 심지와 우연히 만날 때마다 말했다.

"내 말이 맞지 않니?" 램프 심지는 말하곤 했다. "네가 나와 함께 오지 않으려고 했던 것을 생각해 봐! 어제만 해도 너는 너의 요정님을 만나고 다시 공부를 시작하려고 집에 돌아갈 생각을 했다는 것을 생각해 봐! 너는 오늘 연필과 책과 학교로부터 자유야. 순전히 내 덕택에 말이야! 동의하지 않니?"

"네 말이 맞아, 램프 심지!" 피노키오가 자신의 친구를 다정하게 껴안으며 말했다. "나는 아주 즐겁고, 그것은 모두 다 네 덕분이야."

p.191 다섯 달이 지났고, 아이들은 매일 아침부터 밤까지 놀기를 계속했다. 그들은 심지어 한 권의 책도, 책상도, 혹은 학교도 보지 못했다. 하지만 그러던 어느 날 아침, 피노키오가 일어나 보니 아주 놀라운 일이 자신을 기다리고 있었다.

피노키오, 진짜 당나귀로 변하다

p.192 피노키오가 일어나 보니 밤사이 자신의 귀가 적어도 10인치는 자라나 있었다! 피노키오는 거울로 가서 자신을 쳐다보았으며, 자신에게 다 자란 당나귀 귀 한 쌍이 달려 있다는 것을 알았다.

피노키오는 울고 소리 지르고 벽에 자신의 머리를 부딪치기 시작했다. 그러나 피노키오가 비명을 지르면 지를수록 귀에는 털이 더 무성하게 자랐다.

p.193 귀청을 찢는 듯한 비명에 겨울잠쥐가 방 안으로 들어왔다. 위층에 살고 있는 살찐 작은 겨울잠쥐였다.

"무슨 일이야, 이웃 친구?" 겨울잠쥐가 물었다.

"나는 아파, 겨울잠쥐야. 너 맥박을 짚을 줄 아니?"

"조금은."

"그러면 내 맥박을 재 봐. 그리고 내가 열이 있는지 말해 줘."

겨울잠쥐는 피노키오의 손목을 자신의 발로 잡았다.

"친구야, 안됐구나." 몇 분 후 겨울잠쥐가 슬퍼하며 말했다. "너에게 아주 슬픈 소식이 있어."

"그것이 무엇인데?"

"너는 아주 나쁜 열병에 걸렸어."

p.194 "어떤 종류의 열병인데?"

"너는 당나귀 열병에 걸렸어."

"그게 뭐야?"

"두세 시간 안에 너는 더 이상 꼭두각시가 아니게 될 거야."

"그러면 내가 어떻게 되는데?"

"두세 시간 안에, 너는 진짜 당나귀로 변할 거야. 시장으로 과일 짐수레를 끌던 당나귀들처럼 말이야."

"오, 내가 무슨 짓을 한 거지?" 가엾은 꼭두각시가 소리쳤다. 피노키오는 손으로 자신의 긴 두 귀를 잡고 화를 내며 그것들을 잡아당기고 쥐어뜯었다.

"애야, 왜 지금 걱정을 하는 거니?" 겨울잠쥐가 말했다. "이미 끝난 일은 되돌릴 수가 없어. 운명은 모든 게으른 아이들이 당나귀로 변하게 할 것을 명령했단다."

"정말이야?" 피노키오가 비통하게 흐느끼며 물었다.

"미안하지만 이제는 눈물이 소용없어. 너는 네 친구들과 빈둥거리며 놀면서 시간을 보내기 전에 이 모든 것에 대해 생각해 봤어야 했어."

p.195 "하지만 그것은 내 잘못이 아니야! 내 말을 믿어 줘, 작은 겨울잠쥐야, 그것은 모두 램프 심지의 잘못이야!"

"그런데 램프 심지가 누구니?"

"그 아이는 내 친구야. 나는 집으로 돌아가고 싶어 했어. 나는 말을 잘 듣고 싶어 했어. 나는 공부를 해서 학교에서 잘해 내고 싶어 했어. 하지만 그때 램프 심지가 '왜 너는 공부를 하며 네 시간을 낭비하려고 하니? 왜 학교로 돌아가고 싶어 하니? 나와 함께 장난감 나라로 가자. 그곳에서는 우리가 다시는 공부할 필요가 없어. 그곳에서는 매일 하루 종일 즐겁게 지내면서 행복해질 수 있어.'라고 말했어."

"그런데 너는 왜 그 친구의 잘못된 충고를 들은 거야?"

"귀여운 겨울잠쥐야, 왜냐하면 나는 경솔한 꼭두각시니까. 나는 경솔하고 무정해. p.196 오! 나에게 심장이 있다면, 나는 착한 요정님을 버리지 않았을 텐데. 요정님은 나를 무척 사랑해 주셨고 나에게 언제나 아주 친절하셨어! 만약 내가 머물러 있었다면, 지금쯤 나는 진짜 아이가 되었을 텐데! 오, 만약 램프 심지를 본다면 내가 그에게 얼마나 화가 나 있는지 알려 줄 테야!"

이러한 긴 이야기를 마친 후, 피노키오는 선반에서 커다란 무명 자루를 가지고 와 자신의 부끄러운 당나귀 귀를 감추기 위해서 그것을 자기 머리에 썼다.

피노키오는 밖으로 나가서 도처에서 램프 심지를 찾아보았다. 피노키오는 거리를 따라, 광장에서, 극장 안을 들여다보았으나, 램프 심지는 어디에서도 발견되지 않았다. 지치고 절망하여, 피노키오는 집으로 돌아와 문을 두드렸다.

"누구니?" 램프 심지가 안에서 말했다.

"나야!" 피노키오가 대답했다.
"잠깐 기다려."
p.197 몇 분 후 문이 열렸다. 방 안에는 램프 심지가 머리에 커다란 무명 자루를 쓴 채 서 있었다!
그 자루를 보고 피노키오는 약간 기분이 나아졌다.
'이 녀석은 내가 앓고 있는 병과 같은 병을 앓고 있는 것이 분명해!' 피노키오가 속으로 생각했다. 피노키오는 아무것도 못 본 척하고 미소를 지었다.
"잘 지내니, 친구야?" 피노키오가 명랑하게 물었다.
"아주 잘 지내."
"그러면 왜 그 무명 자루를 귀에 덮어 쓰고 있는 거니?"
"무릎 한쪽을 다쳐서 의사가 그것을 쓰고 있으라고 지시했어. 그런데 피노키오야, 너는 왜 그 무명 자루를 귀에 쓰고 있니?"
"내 발에 멍이 들어서 의사가 그것을 쓰고 있으라고 지시했어."
p.198 "오, 불쌍한 피노키오!"
"오, 불쌍한 램프 심지!"
어색한 긴 침묵이 이 말들 뒤로 이어졌다. 두 아이는 조롱하는 태도로 서로를 바라보았다.
"말해 봐, 램프 심지." 피노키오가 마침내 침묵을 깨뜨렸다. "너는 귀앓이로 고통을 받은 적이 있니?"
"한 번도 없어! 너는?"
"한 번도 없어! 하지만 내 귀는 오늘 아침 이후로 나를 괴롭히고 있어."
"내 귀도 그래."
"네 귀도? 혹시 같은 병인 것일까?"
"그럴지도 몰라."
"부탁 하나만 들어줄래, 램프 심지?"
"기꺼이!"
"네 귀 좀 보여 줄래?"
"왜 안 되겠어. 하지만 내 귀를 보여 주기 전에, 네 귀를 먼저 보여 줘, 피노키오."
p.199 "아니. 네 귀를 먼저 보여 줘야 해."
"싫어, 친구야! 네 귀가 먼저야. 그러면 내 귀도 보여 줄게."

"좋아. 그렇다면, 우리 동시에 둘 다 함께 모자를 벗자." 꼭두각시가 말했다. "알았어?"

"알았어."

피노키오가 "하나! 둘! 셋!" 하고 숫자를 세기 시작했다.

"셋!" 하는 말과 함께 두 아이는 그들의 모자를 벗었다.

이제 공포에 질리거나 우는 대신, 피노키오와 램프 심지는 서로 둘 다 같은 불운으로 고통받는 것을 보자마자 서로를 놀려대기 시작했다. 많은 어리석은 짓을 한 후에, 그들은 마침내 갑자기 자조적인 웃음을 터뜨리는 것으로 마무리했다.

<small>p.200</small> 그런 다음 갑자기 램프 심지가 웃음을 그쳤다. 램프 심지는 비틀거리고 거의 땅에 쓰러질 것 같았다. 유령처럼 창백해진 채, 램프 심지는 피노키오에게 몸을 돌렸다.

"도와줘, 도와줘, 피노키오!" 램프 심지가 소리쳤다.

"무슨 일이야?" 피노키오가 초조하게 말했다.

"오, 도와줘! 똑바로 일어설 수가 없어."

"나도 그래!" 피노키오가 소리쳤다. 피노키오가 어찌해 볼 수도 없이 비틀거릴 때 그의 웃음은 곧 눈물로 변했다.

말을 끝마치자마자 그들은 둘 다 네 발로 넘어서 방 안을 기어 다니기 시작했다. 그들이 달렸을 때 그들의 팔은 다리로 변하고, 얼굴이 길어져 주둥이가 되고 그들의 몸 전체는 긴 회색 털로 뒤덮이기 시작했다. 그런 다음 마침내 두 동물들은 꼬리가 생겨난 것을 느꼈다. 창피함과 슬픔을 못 이기고 그들은 울려고 했으나, "히잉! 히잉! 히잉!" 하는 소리처럼 들리는 커다란 당나귀 울음소리가 갑자기 터져 나왔다.

<small>p.201</small> 그 순간 세 번의 커다란 노크 소리가 문간에서 들렸다.

"문 열어라!" 어떤 목소리가 문간에서 말했다. "나는 너희를 여기로 데려온 마차의 마부, 작은 남자야. 당장 문 열어!"

피노키오, 서커스단에 팔리다

<small>p.202</small> 작은 남자는 그 가엾은 동물들이 문을 열어 주기를 잠시 기다렸다. 마침내 모든 인내심이 바닥나서 그는 강력한 발길질로 문을 걷어찼다. 입가에는 평소와 같은 상냥한 미소를 짓고, 그는 피노키오와 램프 심지를

바라보았다.

"잘했다, 애들아!" 그는 평소의 다정한 말투로 말했다. p.203 "잘도 우는구나. 아주 잘 울어서 너희들의 목소리를 즉시 알아챘지. 그래서 내가 온 거야."

두 마리의 당나귀는 부끄러워서 고개를 숙이고 귀를 내려뜨리고 꼬리를 다리 사이로 집어넣었다.

처음에, 작은 남자는 그들을 쓰다듬고 털이 수북한 그들의 가죽을 쓸어내렸다. 그런 다음 말빗을 꺼내어 유리처럼 빛날 때까지 빗질을 했다. 두 마리의 당나귀의 모습에 만족했을 때, 그는 그들에게 굴레를 씌우고 좋은 가격으로 그들을 팔고자 하는 희망을 품고 장난감 나라에서 멀리 떨어진 시장으로 데리고 갔다.

그는 좋은 제안을 그리 오래 기다릴 필요가 없었다. 램프 심지는 재빨리 농부에게 팔렸는데, 그 농부의 당나귀는 하루 전에 죽어 버렸다. 피노키오는 그에게 재주를 가르치기를 원하는 어느 서커스단의 주인에게 팔렸다.

p.204 그러니까 언제나 친절함으로 번들거리는 얼굴을 했던 그 작은 남자는 결국 사실은 끔찍한 작은 사람이라는 것이 드러났다. 그는 게으른 아이들을 찾아 세계를 돌아다니고, 자신과 함께 장난감 나라로 오도록 그들을 꾀었다. 그리고 몇 개월 동안 놀기만 하고 일을 하지 않은 후, 아이들이 작은 당나귀가 되면 그들을 팔았다. 세상에는 게으르고 어리석은 아이들이 아주 많이 있었으므로 그는 불과 몇 년 만에 백만장자가 되었다.

램프 심지에게 무슨 일이 일어났는지 아무도 모른다. 한편 피노키오는 당나귀가 된 바로 그 첫날부터 커다란 곤경에 처했다.

그를 마구간에 집어넣은 후, 피노키오의 새 주인은 피노키오의 여물통에 짚을 채워 주었다. 한입 가득 맛을 본 후, 피노키오는 그것을 내뱉었다.

그러자 주인 남자는 여물통에 건초를 채워 주었다. p.205 피노키오는 건초라고 더 좋아하지는 않았다.

"아, 건초도 먹지 않겠다는 것이로구나?" 주인 남자가 화를 내며 소리쳤다. "기다려라, 예쁜 당나귀야. 그렇게 유별나게 굴지 않도록 너한테 가르쳐 주마."

주인은 채찍을 잡고 당나귀의 다리를 가로지르게 한 방 때렸다. 피노키오는 고통으로 소리를 질렀다.

"히잉! 히잉! 히잉!" 피노키오가 울부짖었다. "저는 짚을 소화할 수 없어요!"

"그러면 건초를 먹어!" 피노키오의 주인은 말했는데, 그는 당나귀의 말을 완벽하게 이해했다.

"히잉! 히잉! 히잉! 건초를 먹으면 머리가 아파요!"

"내가 너에게 오리고기나 닭고기를 줄 거라고 기대했니?" 주인 남자가 말했다. 이제 전보다 더 화가 난 주인은 피노키오에게 또 한 번 채찍질을 했다.

p.206 그 두 번째의 채찍질에 피노키오는 조용해지고 더 이상 아무 말도 하지 않았다.

마구간 문이 닫혔고, 피노키오는 혼자 남겨졌다. 피노키오는 하루 종일 먹지 못했고, 배고픔은 그를 이기고 있었다. 마구간 안에 다른 먹을 것이 아무것도 없었기 때문에, 피노키오는 마침내 건초를 맛보았다. 건초를 맛본 후, 피노키오는 그것을 잘 씹었고, 눈을 감고 꿀떡 삼켰다.

"그리 나쁘지는 않구나." 피노키오가 혼잣말을 했다. "하지만 내가 공부를 했다면 얼마나 더 행복했을까! 그러면 바로 지금 건초 대신 맛좋은 빵과 버터를 먹고 있을 텐데."

다음날 아침, 피노키오의 주인이 와서 문을 벌컥 열었다.

"꼬마 당나귀야, 너는 나를 도와서 내가 금화를 벌게 해 줘야 해! 이제 나와 함께 가자. 너에게 껑충 뛰고 절하는 것, 왈츠를 추는 것, 그리고 물구나무서는 것을 가르쳐 주마."

p.207 가엾은 피노키오는 이 모든 근사한 재주들을 배워야 했다. 피노키오가 관객들 앞에 설 준비가 되기 전까지는 석 달이 꼬박 걸렸고 아주 많은 채찍질도 당해야 했다.

마침내 피노키오의 주인이 피노키오를 대규모 관객들 앞에 세우는 날이 왔다. 서커스 극장에는 모든 연령과 체구의 남자아이들과 여자아이들이 많이 모여들었고, 그날 저녁의 주요 볼거리인 그 유명한 춤추는 당나귀를 보려고 조바심 내며 몸부림치고 이리저리 다녔다.

첫 번째 공연이 끝난후, 검은 외투를 입은 서커스단의 주인 겸 단장이 사람들 앞에 나타났다.

"신사숙녀 여러분!" 단장이 말했다. p.208 "소생, 이 극장의 경영자가 오늘 밤 여러분께 세계에서 가장 대단하고 가장 유명한 당나귀를 소개해 드리려고 여러분 앞에 직접 나왔습니다!"

이 연설은 많은 웃음과 갈채로 환영을 받았다. 피노키오가 서커스 링에 등장하자 박수가 커다란 고함 소리가 되었다. 피노키오는 훌륭하게 옷이 입혀져 있었다. 윤이 나는 놋쇠 버클이 달린 번질번질한 새로운 가죽 굴레가 등에 놓여 있었다. 두 개의 흰 동백나무가 피노키오의 귀에 묶여 있었고, 빨간색 실크로 만들어진 리본과 장식 술이 그의 갈기를 장식했다.

단장은 절을 하고 피노키오에게 몸을 돌렸다.

"준비해라, 피노키오!" 단장이 말했다. "공연을 시작하기 전에, 관객들에게 인사해라!"

피노키오는 고분고분하게 자신의 두 무릎을 땅에 구부렸다. 그렇게 할 때, 피노키오는 어느 아름다운 여인이 자기 앞의 박스석에 앉아 있는 것을 보았다. p.209 그녀는 목에 큰 보석 메달이 달린 긴 금목걸이를 하고 있었다. 그 메달 위에는 꼭두각시 그림이 그려져 있었다.

"저 그림은 내 그림이야! 저 아름다운 여자는 나의 작은 요정님이야!" 피노키오가 그 여자를 알아보고 혼자 중얼거렸다.

"오, 나의 요정님! 나만의 요정님!" 피노키오는 말을 하려고 최선을 다했다.

그러나 말 대신, 커다란 울부짖는 소리가 극장 안에 들렸다. 그 울부짖음이 아주 크고 아주 길어서 극장 안의 모든 사람들이 웃음을 터뜨렸다.

그때 단장이 채찍 손잡이로 피노키오의 코를 때렸다. 가엾은 작은 당나귀는 고통을 없애기 위한 노력으로 긴 혀를 내밀고 자신의 코를 핥았다.

p.210 피노키오는 다시 박스석을 올려다보았다. 낙심천만하게도, 피노키오는 요정이 사라졌다는 것을 알았다!

단장은 다시 채찍으로 철썩 소리를 냈다.

"브라보, 피노키오!" 단장이 말했다. "이제 네가 얼마나 우아하게 링을 뛰어넘을 수 있는지 보여 주거라."

요정의 사라짐에 흐느껴 울고 있던 피노키오는 첫 번째 링을 뛰어넘으려고 했다. 그러나 그렇게 하다가 그의 뒷다리가 링에 걸렸고, 피노키오는 바닥에 엉덩방아를 찧고 말았다.

다시 일어났을 때, 피노키오는 절뚝거렸고 걸을 수 없을 지경이었다. 피노키오는 마구간으로 옮겨졌고, 그날 밤 아무도 다시는 피노키오를 보지 않았다.

다음날 아침, 수의사는 피노키오가 남은 일생 동안 절름발이가 될 것이라고 선언했다.

p.211 "절름발이 당나귀는 쓸 수가 없지." 단장이 마구간지기 소년에게 말했다. "이놈을 시장에 데려가서 팔아 버려라."

구매자는 곧 발견되었다.

"저 작은 절름발이 당나귀에 얼마를 원하니?" 그 남자가 물었다.

"4달러요."

"4센트를 주마. 나는 일을 시키려고 이놈을 사는 것이 아니야. 나는 가죽만 원해. 가죽이 아주 질겨 보이고, 북을 만드는 데 쓸 수 있겠어. 나는 우리 마을의 악단의 일원이고, 새로운 북이 필요하단다."

구매자는 4센트를 지불하고 당나귀를 마구간지기 소년에게서 데려갔다. 피노키오의 새 주인은 그를 바다가 굽어보이는 높은 절벽으로 데려가서 목에 돌을 매단 다음 뒷다리 하나에 밧줄을 묶고, 피노키오를 바닷속으로 밀어넣었다.

p.212 피노키오의 새 주인은 절벽에 앉아 그가 익사하기를 기다렸다.

피노키오, 무시무시한 상어에게 잡아먹히다

p.213 15분 후, 절벽 위의 그 남자는 자신이 피노키오의 다리에 묶어 놓은 밧줄을 끌어당겼다. 하지만 밧줄 끝에서, 그는 죽은 당나귀 대신 뱀장어처럼 꿈틀거리고 꼼지락거리는 살아 있는 꼭두각시를 보았다.

"내가 바다로 던진 당나귀에게 무슨 일이 일어난 거니?" 놀라움을 감추지 못하고 남자가 물었다.

p.214 "제가 그 당나귀예요." 피노키오가 웃으며 대답했다.

"그것이 무슨 말이냐?"

"저기, 주인님, 제 다리를 풀어 주세요. 그러면 제가 모든 이야기를 해드릴 수 있어요."

늙은 남자는 무슨 일이 일어나고 있는 것인지 알고 싶어서 즉시 피노키오의 발을 묶었던 밧줄을 풀어 주었다. 허공에 있는 새처럼 자유로운 기분을 느낀 피노키오는 자신이 목에 돌이 묶인 채 바다에 던져진 시점까지 일어난 모든 일을 말해 주었다.

"그래서 다음에는 무슨 일이 일어났지?" 남자가 물었다.

"그런 다음 저의 요정 어머니가 익사 위험에 처한 저를 보셨지요. 요정

어머니는 제가 누워 있는 장소로 1,000마리의 물고기들을 보내셨어요. 그들은 저를 죽은 당나귀라고 생각하고 저를 먹기 시작했지요. 그들은 엄청나게 크게 한입 한입 물어뜯었어요! 한 놈은 제 귀를, 다른 놈은 제 코를, 세번째 놈은 제 목과 갈기를 먹었지요. p.215 어떤 놈은 제 다리로 갔고, 그리고 또 어떤 놈은 제 등으로 갔고, 그리고 가장 작은 놈은 제 꼬리를 갉아먹었어요."

"이제부터는 다시는 물고기를 먹지 말아야겠다." 남자가 오싹해 하면서 말했다.

"저의 당나귀 가죽을 다 먹어 치우자 물고기들은 몸을 돌려서 떠났어요. 자요, 주인님, 제 이야기는 끝났어요. 그리고 이제 안녕히 계세요!" 그 말과 함께, 피노키오는 절벽에서 바닷속으로 뛰어내렸다.

한참 헤엄친 후, 피노키오는 바다 한가운데에서 커다란 흰 바위를 보았다. 바위의 높은 곳에 작은 염소가 한 마리 서 있었다. 그 작은 염소에게는 아주 이상한 무엇인가가 있었다. 염소의 가죽은 다른 염소의 가죽처럼 희거나 검거나 갈색이 아니라 아름다운 아가씨의 머리카락이 상기되는 짙은 색의 반짝이는 청록색이었다.

p.216 피노키오의 심장은 빠르게 뛰었다. 피노키오는 가능한 한 열심히 그 흰 바위를 향해 헤엄쳤다. 피노키오가 그곳으로 거의 절반 정도 헤엄쳐 갔을 때, 갑자기 무시무시한 바다 괴물이 물 밖으로 머리를 쑥 내밀었다. 이놈은 이 이야기에서 이미 여러 번 무시무시한 상어로 언급된 바로 그 상어였다. 그 상어의 잔인성 때문에, 그 상어는 물고기와 어부들 모두에게 '바다의 아틸라'라는 별명이 붙여 있었다.

가엾은 피노키오! 괴물은 전속력으로 피노키오에게 왔으며, 피노키오는 자신이 반짝반짝 빛나는 하얀 이빨이 줄지어 있는 곳 사이에 있다는 것을 깨달았다. 피노키오는 빠르게 무시무시한 상어에 의해 삼켜졌으며, 상어의 위 속으로 떨어졌다. 그곳에서 피노키오는 30분 동안 기절해 있었다.

의식을 회복했을 때, 피노키오는 자신이 어디에 있는지 기억할 수 없었다. 주위는 완전히 어두웠고, 피노키오는 얼굴에 바람이 불어오는 것을 느꼈다. p.217 피노키오는 곧 그 바람이 그 괴물의 폐에서 나온다는 것을 깨달았다. 무시무시한 상어는 천식으로 고통을 받고 있었으므로 상어가 숨을 쉴 때마다 그의 몸 안에서는 폭풍 같은 소리가 났다.

피노키오는 울고 자신이 한 모든 일을 후회하며 약 한 시간 정도 혼자 앉아 있었다.

"너를 도와줄 사람이 거기 누가 있니, 불쌍한 애야?" 갑자기 음조가 맞지 않는 기타 같은 거친 목소리가 말했다.

"누구세요?" 피노키오가 두려움으로 얼어붙은 채 물었다.

"나는 너와 동시에 상어에게 잡아먹힌 가엾은 다랑어야. 그런데 너는 어떤 종류의 물고기니?"

"나는 물고기가 아니야. 내 이름은 피노키오이고, 꼭두각시야."

p.218 "물고기가 아니라면, 왜 이 괴물이 너를 삼키게 놔 뒀니?"

"내가 놔 둔 것이 아니야. 괴물이 어디선가 나와서 경고조차 없이 나를 삼켰어. 그런데 이제 이 어둠 속에서 우리는 어떻게 해야 하지?"

"상어가 우리 둘 다 소화시킬 때까지 기다려야겠지 뭐."

"하지만 나는 소화되고 싶지 않아." 피노키오가 다시 흐느끼기 시작하며 소리쳤다.

"나도 그래." 다랑어가 말했다. "하지만 나는 물고기로 태어나면 프라이팬에서보다는 물속에서 죽는 것이 훨씬 더 기품 있다는 것을 알 만큼은 현명해."

"말도 안 되는 소리야!" 피노키오가 소리쳤다.

"내 의견도 의견은 의견이야." 다랑어가 대답했다. "모든 의견들은 존중받아야 해."

"하지만 나는 여기서 나가고 싶어. 탈출하고 싶어."

"갈 수 있으면 가 봐!"

"무시무시한 상어는 몸길이가 아주 길어?" 꼭두각시가 물었다.

p.219 "꼬리 길이를 계산하지 않고도 상어의 몸길이는 거의 1마일 정도는 돼."

어둠 속에서 말하고 있는 동안, 피노키오는 멀리서 희미한 불빛을 알아보았다.

"저것이 무엇일까?" 피노키오가 다랑어에게 말했다.

"아마도 나처럼 무시무시한 상어에 의해 소화되기를 인내하며 기다리고 있는 다른 물고기일 거야."

"나는 가서 그 물고기를 보고 싶어. 어쩌면 늙은 물고기라서 여기서 나가는 방법을 알고 있을지도 몰라."

"행운을 빈다, 꼬마 꼭두각시야."

"잘 있어, 다랑어야."
"잘 가, 꼭두각시야. 그리고 행운을 빌어."
"너를 다시 볼 수 있을까?"
"누가 알겠니? 아무도 모를 일이지."

피노키오, 제페토 영감과 재회하다

p.220 피노키오는 어둠 속에서 비틀거렸고 멀리서 빛을 내는 희미한 불빛을 향해 최선을 다해서 걷기 시작했다.

걸어가는 동안 피노키오의 발은 기름기 있고 미끄러운 물웅덩이에서 철벅거렸다. 피노키오가 더 멀리 나아갈수록 작은 불빛은 더 밝아졌다. p.221 피노키오는 계속해서 걸었고 마침내 놀랍게도 저녁 식사가 차려져 있는 작은 식탁을 발견했다! 양초 하나가 유리병 안에서 타고 있었다. 탁자 근처에는 눈처럼 하얀 작은 노인이 살아 있는 생선을 먹으며 앉아 있었다. 생선들은 이따금 몸부림을 쳤고, 그들 중 한 놈은 노인의 입에서 미끄러져 나와 탁자 밑의 어둠 속으로 탈출했다.

이 광경을 보고, 가엾은 꼭두각시는 아주 갑작스러운 큰 기쁨이 가득 차올라 거의 기절할 지경이었다. 피노키오는 웃고 싶었고, 울고 싶었고, 아주 많은 이야기를 하고 싶었으나, 그가 할 수 있는 일이라고는 가만히 서 있는 것뿐이었다. 피노키오는 말을 더듬고 말이 뚝뚝 끊긴 채 웅얼거렸다. 마침내 대단한 노력을 하여 피노키오는 환호성을 내지를 수 있었다.

p.222 "오, 아버지, 사랑하는 아버지!" 자신의 팔을 노인의 목에 두르며 피노키오가 말했다. "마침내 아버지를 찾았어요! 절대로, 절대로 다시는 아버지를 떠나지 않겠어요!"

"내가 유령을 보고 있는 것인가?" 노인이 눈을 비비며 대답했다. "네가 정말로 나의 귀여운 피노키오란 말이냐?"

"네, 네, 네! 저예요! 저를 보세요! 아버지는 저를 용서해 주셨어요, 맞죠? 오, 사랑하는 아버지, 아버지는 정말 좋은 분이세요! 오, 제 머리 위로 얼마나 많은 불운이 떨어졌고 제가 얼마나 많은 고난을 겪었는지 아신다면 놀라실 거예요! 저는 아버지가 작은 배를 타고 항해에 나선 것을 보았고, 아버지에게 헤엄쳐 가려고 했어요! 하지만 아버지는 사라지셨어요!"

"나도 너를 보았단다." 제페토 영감이 말했다. "너에게 가고 싶었지만,

그럴 수 없었어. 바다는 거칠었고, 파도가 배를 뒤집어 놓았지. 그런 다음 이 무시무시한 상어가 바닷속에서 나와 나를 집어삼켰단다."

"얼마나 오랫동안 여기에 갇혀 계신 거예요?"

p.223 "바로 그날부터 지금까지, 2년이란다."

"어떻게 살아남으신 거예요? 양초와 그것에 불을 붙일 성냥들은 어디에서 발견하셨어요?"

"나를 집어삼킨 바로 다음 날, 이 무시무시한 상어가 커다란 배를 집어삼켰단다. 나는 이 모든 물건들은 그 배 안에서 발견했단다."

"뭐라고요! 상어가 배를 통째로 집어삼켰어요?" 피노키오가 깜짝 놀라서 물었다.

"한 입에 꿀꺽 했지. 상어가 뱉어낸 유일한 물건은 주 돛대뿐이었단다. 나에게는 다행스럽게도 그 배에는 고기, 보존 식량, 크래커, 빵, 포도주 몇 병, 건포도, 치즈, 커피, 설탕, 밀초, 그리고 성냥갑들이 실려 있었어. 그래서 내가 2년을 꼬박 여기에서 살아남은 것이지만, 이제 식량은 다 떨어져 가고 있단다. p.224 오늘은 찬장에 아무것도 남아 있지 않고, 여기 네가 보고 있는 이 양초는 내가 가진 마지막 양초야."

"그런 다음에는 어떡해요?"

"그러고 나면 얘야, 우리는 완전한 어둠 속에 있는 우리를 발견하겠지."

"그렇다면요, 사랑하는 아버지, 우리는 당장 탈출해야 해요." 피노키오가 말했다.

"탈출! 어떻게?"

"우리는 상어의 입 밖으로 뛰쳐나가 바다로 뛰어들면 되요."

"하지만 나는 헤엄칠 줄 모른단다, 피노키오야."

"저는 훌륭한 수영선수예요. 아버지는 제 어깨 위에 올라 타시면 돼요. 그러면 제가 해안으로 무사히 모시고 갈게요. 그냥 저만 따라오세요!"

그들은 상어의 뱃속과 몸 전체를 가로질러 먼 거리를 걸었다. 그들이 괴물의 목구멍에 도착했을 무렵에 양초가 꺼졌다. p.225 아버지와 아들은 어둠 속에서 그들이 탈출하기에 적당한 순간을 기다렸다.

천식으로 고통받고 있는 그 무시무시한 상어는 이제 입을 벌린 채 자야 했다. 열린 입을 통해서 피노키오는 별이 총총한 하늘을 언뜻 보았다. 피노키오는 아버지의 손을 잡았다. 그들은 발끝으로 괴물의 목구멍으로 올라갔다. 그런 다음 그들은 혀 전체를 통과해서 거대한 이빨들이 나 있는 세 개의 열을 넘어갔다.

"제 등에 올라타세요, 아버지." 피노키오가 속삭였다. "제 목을 단단히 잡으세요, 나머지는 제가 알아서 할게요."

제페토 영감이 안전하게 자신의 어깨 위에 앉자마자 피노키오는 바다로 뛰어들어 헤엄을 치기 시작했다. 그러는 동안, 무시무시한 상어는 계속해서 푹 자고 있어서 포탄조차도 상어를 깨울 수 없었다.

피노키오, 마침내 진짜 아이가 되다

p.227 "사랑하는 아버지, 우리는 살았어요!" 피노키오가 소리쳤다. "이제 우리가 해야 할 일은 해안으로 헤엄치는 것이고, 그것은 쉬워요."

다른 말은 하지 않고 꼭두각시는 가능한 한 빨리 육지에 도달하기 위해서 빠르게 헤엄쳤다. p.228 그때 피노키오는 제페토 영감이 마치 고열이 있는 것처럼 부들부들 떨고 몸서리치고 있다는 것을 눈치챘다.

"버티세요, 아버지! 잠시 후면 우리는 무사히 육지에 도착할 거예요."

"하지만 해안이 어디에 있니?" 점점 더 걱정을 하며 몸집이 작은 노인이 물었다. "바다와 하늘 외에는 아무것도 보이지 않는구나."

"저는 해안이 보여요." 꼭두각시가 말했다. "기억해 두세요, 아버지, 제가 고양이 같다는 것을요. 저는 낮보다는 밤에 더 잘 보여요."

가엾은 피노키오는 차분한 척했지만, 피노키오는 육지에서 멀리 떨어져 있었다. 피노키오는 낙심하기 시작하고 있었고, 그의 힘은 그를 빠져나가고 있었으며, 점점 더 무겁게 숨을 쉬기 시작했다. 피노키오는 자신이 더 이상 계속 가지 못할 것이라고 느꼈고, 해안은 어디에도 보이지 않았다.

피노키오는 몇 차례 더 손을 놀려 헤엄쳤고, 그런 다음 마침내 멈췄다.

"도와주세요, 아버지!" 피노키오가 말했다. "도와주세요. 저는 죽어가고 있어요!"

p.229 아버지와 아들이 막 익사하려고 할 때 음조가 맞지 않는 기타 같은 소리가 들렸다.

"무엇이 문제야?" 바다에서 나오는 듯한 목소리가 말했다.

"나의 불쌍한 아버지와 내가 익사하고 있어."

"네 목소리를 알겠다. 너 피노키오잖아."

"맞아. 너는 누구니?"

"나는 다랑어야. 상어 뱃속에 있던 네 친구 말이야."

"어떻게 탈출했니?"

"나는 네 선례를 따라 했어. 너는 나에게 길을 알려준 이고, 네가 간 후 나는 뒤따라갔어."

"다랑어야, 네가 때마침 와 주었어! 우리 좀 도와줘. 아니면 우리는 물에 빠져 죽을 거야!"

"기꺼이! 내 꼬리를 잡아, 두 사람 다. 그러면 내가 너희를 육지로 안전하게 데려다 줄게."

p.230 두 살짜리 말 만큼이나 큰 다랑어는 재빨리 피노키오와 제페토 영감을 해안으로 데리고 갔다.

"친구야, 네가 나와 우리 아버지를 구해 주었어." 제페토 영감을 뭍으로 올리는 것을 도우며 피노키오가 다랑어에게 말했다. "나의 영원한 감사의 표시로 너를 안아 주게 해 주렴."

다랑어는 물 밖으로 코를 내밀었고, 피노키오는 모래 위에 무릎을 꿇고 다랑어의 뺨에 다정하게 입을 맞추었다. 그러한 다정함에 익숙하지 않았던 가엾은 다랑어는 아이처럼 엉엉 울었다. 다랑어는 너무나 당혹해서 재빨리 몸을 돌려 바다로 뛰어들어 사라졌다.

그러는 동안 태양이 떠오르기 시작했다.

피노키오는 제페토 영감에게 팔을 내밀었는데, 제페토 영감은 너무 약해져서 서 있지도 못할 지경이었다.

p.231 "저에게 기대세요, 사랑하는 아버지. 우리는 아주아주 천천히 걸을 거예요."

"어디로 가는 거니?" 제페토 영감이 물었다.

"집이나 오두막, 그리고 우리에게 빵 한 조각과 누워서 잘 짚을 줄 만한 친절한 사람들을 찾아보려고요."

백 걸음도 채 못가서 그들은 험상궂은 두 사람이 돌 위에 앉아서 음식 찌꺼기를 구걸하고 있는 것을 보았다.

그것은 여우와 고양이였으나, 그들이 너무 비참해 보여서 알아보기가 힘들었다. 고양이는 너무 오래 장님 행세를 하다가 실제로 두 눈의 시력을 잃었다. 그리고 늙고 여위고 거의 털이 다 빠진 여우는 꼬리를 잃었다.

p.232 "오, 피노키오." 여우가 울음 섞인 목소리로 소리쳤다. "우리에게 먹을 것을 조금만 줘, 애원할게! 우리는 늙고 지치고 병들었어."

"병들었어!" 고양이가 말했다.

"잘 있어, 가짜 친구들!" 피노키오가 대답했다. "너희들은 한 번은 나를 속였지만, 다시는 나를 속이지 못할 거야."

"제발 우리를 믿어 줘! 오늘 우리는 정말로 가난하고 굶주렸어."

"굶주렸어!" 고양이가 말했다.

"너희가 가난하다면, 그래도 마땅해! 잘 있어, 가짜 친구들아."

그들에게 손을 흔들어 석별을 고한 후, 피노키오와 제페토 영감은 조용히 그들의 길을 갔다. 몇 발자국 더 간 후에, 그들은 짚으로 만든 어느 작은 오두막집에 우연히 닿았다. 그들은 가서 문을 두드렸다.

"누구세요?" 집 안에서 작은 목소리가 말했다.

"음식도 없고 비바람을 피할 지붕도 없는 가엾은 아버지와 가엾은 아들이에요." 피노키오가 대답했다.

p.233 "들어와요. 문은 열려 있어요." 아까와 같은 작은 목소리가 말했다.

그들은 들어가서 벽에서 그들을 향해 미소를 짓고 있는 말하는 귀뚜라미를 발견했다.

"오, 사랑하는 귀뚜라미 님!" 피노키오가 정중하게 고개를 숙여 절하며 소리쳤다.

"오, 이제는 나를 사랑하는 귀뚜라미 님이라고 부르는 거니? 나를 죽이려고 망치를 나에게 던졌을 때를 기억해?"

"죄송해요, 사랑하는 귀뚜라미 님. 이제 저에게 망치를 던지세요. 저는 그런 대우를 받아도 마땅해요! 하지만 제 가엾은 아버지는 살려 주세요."

"나는 두 사람 다 살려 줄 거야. 다만 우리가 있는 이 세상에서는 우리 자신이 어려움에 처했을 때 친절과 예의 바른 태도를 발견하고 싶다면, 다른 사람들에게 친절하고 예의 바르게 대해야 한다는 것을 가르쳐줄 수 있도록 너에게 네가 오래 전에 한 일을 상기시켜 주고 싶었을 뿐이야."

p.234 "그 말씀이 맞아요. 작은 귀뚜라미 님. 귀뚜라미 님이 저에게 가르쳐 주신 교훈을 기억할게요. 하지만 이제 어떻게 이 작은 오두막을 구입하는 데 성공한 것인지 말씀해 주시겠어요?"

"이 오두막집은 어제 털이 청록색인 작은 염소가 나에게 준 거야."

"그런데 그 염소는 어디로 갔어요?" 피노키오가 물었다.

"나도 몰라."

"염소가 다시 돌아올까요?"

"아니. 어제 염소가 슬프게 매애 울면서 떠났고, 내가 듣기에는 염소가 '가엾은 피노키오, 다시는 그 아이를 볼 수 없을 거야. 무시무시한 상어가 지금쯤 피노키오를 잡아먹은 것이 분명해.'라고 말하는 것 같았어."

"염소가 정말로 그렇게 말했어요? 그렇다면 그녀예요! 제가 사랑하는 작은 요정님이라고요." 피노키오가 비통하게 흐느끼며 소리쳤다. 한참 울고 난 후, 피노키오는 말했다. "말씀해 주세요, 작은 귀뚜라미님. 제 불쌍한 아버지를 위해 어디에 가야 우유 한 잔을 구할 수 있을까요?"

p.235 "여기서 밭 세 개를 지나면 존이라는 농부가 살고 있어. 그에게는 몇 마리의 젖소가 있지. 그곳에 가 봐. 그러면 그가 네가 원하는 것을 줄 거야."

피노키오는 온 힘을 다해 농부 존의 집으로 달려갔다.

"우유가 얼마나 필요하니?" 농부가 말했다.

"한 잔 가득이요."

"한 잔 가득이면 1페니야."

"저는 돈이 없어요." 피노키오가 슬퍼하기도 하고 또 부끄러워하며 대답했다.

"미안하다, 꼭두각시야." 농부가 대답했다. "네가 돈이 없다면, 나도 우유가 없다."

"어쩔 수 없네요." 피노키오가 가려고 몸을 돌리며 말했다.

p.236 "잠깐 기다려." 농부 존이 말했다. "우물에서 물을 긷는 방법을 아니?"

"해 볼게요."

"그러면 저쪽에 있는 우물에 가서 백 통의 물을 길어라. 일이 끝나면, 따뜻하고 달콤한 우유 한 잔을 주마."

"아주 잘됐네요."

농부 존은 피노키오를 우물로 데리고 가서 어떻게 물을 긷는지 보여주었다. 피노키오는 일을 시작했으나, 백 통의 물을 긷기도 전에, 지치고 땀을 뚝뚝 흘렸다. 피노키오는 살면서 그렇게 열심히 일해 본 적이 없었다.

"오늘까지는 내 당나귀가 나를 위해 물을 길어 왔단다." 농부 존이 말했다. "하지만 지금 그 불쌍한 당나귀는 죽어가고 있어."

"제가 그 당나귀를 볼 수 있을까요?" 피노키오가 말했다.

"물론이지."

마구간으로 들어가자마자 피노키오는 마구간 구석에 짚으로 만든 침대 위에 누워 있는 작은 당나귀를 보았다.

p.237 "저는 이 당나귀를 알아요! 램프 심지예요!" 피노키오가 당나귀에게 낮게 몸을 숙이며 소리쳤다.

"네가 이 당나귀를 알아?" 농부가 물었다.

"제 친구였어요."

"네 친구라고?"

"학교에서 저의 가장 친한 친구였어요."

"뭐라고!" 농부 존이 갑자기 웃음을 터뜨리며 소리쳤다. "너희 학교에 당나귀가 있었단 말이냐?"

바로 그때, 램프 심지가 마지막 숨을 내쉬더니 죽었다. 피노키오는 조용히 우유 한 잔을 들고 자신의 아버지에게 돌아왔다.

그날 이후로 다섯 달이 넘도록 피노키오는 낮에는 농부 존을 위해 일을 하러 갔고 밤에는 자신의 아버지를 보살폈다. p.238 아버지가 잠이 들면, 착한 꼭두각시는 등불을 켜고 공부를 했다. 자기가 번 약간의 돈으로 피노키오는 자신을 위해 몇 장이 없어진 중고 책을 샀고, 그것으로 아주 짧은 시간 동안 읽기 공부를 했다. 피노키오는 공부를 잘 해냈을 뿐만 아니라 일도 잘 해냈다. 그런 후에는 마침내 자신의 늙은 아버지를 편안하고 행복하게 지켜줄 충분한 돈을 저축한 날이 왔다. 이 밖에도 피노키오는 여분의 50페니를 저축할 수 있었다. 피노키오는 자신이 입을 새 옷을 사려고 그 돈을 저축한 것이었다.

그래서 어느 날, 피노키오는 자신의 새 옷을 사러 시장으로 가기 위해 집을 나섰다. 길을 가다가 피노키오는 갑자기 자신의 이름을 부르는 소리를 들었다. 그 목소리가 어디에서 나오고 있는 것인지 보려고 둘러보다가 피노키오는 어느 덤불에서 기어 나오는 커다란 달팽이를 알아보았다.

"나를 알아보겠니?" 달팽이가 말했다.

"네. 청록색 머리카락 요정님과 사는 달팽이 님이잖아요. p.239 말해 주세요, 예쁜 달팽이 님. 저의 요정님은 어디에 계세요? 저를 잊으셨나요? 저를 기억하고 계신가요? 저를 아직 사랑하시나요? 저는 요정님을 보고 싶어요."

"피노키오, 요정님은 편찮으셔서 병원에 누워 계셔."

"병원에요?"

"그래. 요정님은 아주아주 편찮으신데 돈이 하나도 없으셔."

"여기요, 저에게 50페니가 있어요. 그것들을 가져가세요. 저는 그 돈으로 옷을 좀 사려고 했었어요. 여기요, 모두 가져가세요, 작은 달팽이 님, 그리고 저의 착한 요정님께 드리세요."

"네 새 옷은 어떡하고?"

"저는 새 옷은 필요 없어요. 요정님을 더 도와드리기 위해서라면 제가 입고 있는 이 누더기 옷조차도 팔 수 있어요. 가세요! 서두르세요! 며칠 후에 여기로 다시 오시면, 돈을 더 드릴게요! 오늘까지 저는 아버지를 위해서 일했어요. p.240 이제 제 어머니를 위해서 일하겠어요."

달팽이는 덤불 속으로 다시 사라졌다.

그날 밤 자고 있을 때, 피노키오는 자신의 요정에 관한 꿈을 꾸었다. 미소 짓고 있는 아름답고 행복한 요정이 피노키오에게 입을 맞추고 "잘했어, 피노키오야! 네 친절에 대한 보답으로 옛날의 네 모든 잘못을 용서하마. 부모님이 늙고 병들었을 때 그분들을 사랑하고 잘 보살펴 드리는 아이들은 칭찬을 받아 마땅하지. 계속 착하게 행동하면, 행복하게 살게 될 거야."

바로 그 순간, 피노키오는 일어나서 눈을 크게 떴다.

아주 기쁘게도, 피노키오는 자신이 더 이상 꼭두각시가 아니며, 진짜 살아 있는 아이가 되었다는 것을 깨달았다! 피노키오는 자신을 이리지리 훑어보았고 또 자신이 평소의 짚 벽 대신 아름답게 가구가 배치된 작은 방에 있다는 것을 발견했다. 피노키오는 침대에서 뛰어내려 근처에 있는 의자를 쳐다보았다. p.241 그곳에서 피노키오는 새 옷, 새 모자, 그리고 반짝이는 새 가죽 신발 한 켤레를 보았다.

새 옷으로 갈아입자마자, 피노키오는 주머니에 손을 넣고 작은 가죽 지갑을 꺼냈다. 그 지갑 위에는 다음과 같이 적혀 있었다.

청록색 머리카락의 요정이
친절한 마음씨에 대해 아주 감사한다는 뜻으로
사랑하는 피노키오에게 50페니를 돌려드립니다.

피노키오가 지갑을 열어 보니 50페니가 아니라 금화 50개가 있었다!

피노키오는 거울로 달려갔다. 피노키오는 자신을 거의 알아보지 못할 지경이었다. 피노키오는 푸른 눈, 짙은 갈색 머리카락과 행복하게 미소 짓는 입술을 지닌 밝은 얼굴의 키 큰 소년이 자신을 쳐다보고 있는 것을 보았다.

"그러면 아버지는 어디에 계시지?" 피노키오가 갑자기 소리쳤다. 피노키오는 옆방으로 달려 들어갔고, 그곳에는 간밤에 몇 년은 젊어진 제페토 영감이 서 있었다. p.242 제페토 영감 역시 깨끗한 새 옷을 입고 있었으며 피노키오만큼이나 행복해 보였다. 그는 열심히 예쁜 그림 액자를 만들고 있는 나무 조각가 제페토가 다시 한번 되었다.

"아버지, 무슨 일이 일어난 것이죠?" 피노키오가 달려가서 아버지의 목에 뛰어오르며 소리쳤다.

"못된 아이들이 착한 아이가 될 때 그들은 집을 행복으로 새롭게 만드는 힘을 가지고 있단다."

"그리고 이제 저는 영원히 행복할 거예요. 저는 진짜 아이가 되었으니까요!"